提升武术与格斗实战能力的秘诀

力量大师

〔美〕帕维尔·塔索林◎著　赵康◎译

北京科学技术出版社

著作权合同登记号　图字：01–2024–0669

图书在版编目（CIP）数据
力量大师 /（美）帕维尔・塔索林著；赵康译 .
北京：北京科学技术出版社，2024. -- ISBN 978-7
-5714-4203-3
Ⅰ. G808.14
中国国家版本馆 CIP 数据核字第 2024A09F84 号

策划编辑：刘　超
责任编辑：刘　超
责任校对：贾　荣
图文制作：天露霖
责任印制：李　茗
出 版 人：曾庆宇
出版发行：北京科学技术出版社
社　　址：北京西直门南大街16号
邮政编码：100035
ISBN 978-7-5714-4203-3

电　　话：0086-10-66135495（总编室）
0086-10-66113227（发行部）
网　　址：www.bkydw.cn
印　　刷：北京顶佳世纪印刷有限公司
开　　本：710 mm × 1000 mm　1/16
字　　数：300千字
印　　张：16
版　　次：2024年12月第1版
印　　次：2024年12月第1次印刷

定　　价：89.00元

声　明

没有健康，体格和力量便毫无意义。只要你的锻炼方式正确，这三者自然会同步发展。不同训练者的个人情况都是不同的，其需求也是千差万别的，本书在所有必要的环节上始终强调安全训练的重要性和必要性。你需要对自己负责，并认真根据书中的建议评估训练的风险，照顾好自己的身体。避免无谓的伤病与增强力量、增加肌肉同等重要，或者说更为重要。所有医学专家都认为，训练者在按照计划开始训练之前应该向医生咨询。

切记：安全至上！

这本书是运动大师帕维尔在苏联运动科学研究的基础上，结合自己在美苏特种部队多年的实践提炼、总结而成的成果，你可以在其中发现很多梦寐以求的、曾经认为不可企及的技艺。书中的训练技巧、训练方法、训练理念都是可靠的。只要付诸行动，你一定会出类拔萃。

他 序

你有没有注意到，一个人的本领越大，他的成就越是通过专注于少数事物获得的？力量训练也不例外。从古希腊的摔跤高手，到小心地保守秘诀的中国武术大师，再到现代特种部队和突击队的战士以及职业大力士，都发展出了一系列惊人的技巧，用来产生野蛮的力量。

但是，这些技巧已经分散到了四面八方，或者被当作秘密严密守护着，或者以一种零碎的方式传播，这使我们大多数人感到沮丧，并处于无法充分发掘自身力量潜能的无奈境地。

不记得有多少次，我们看到某些人表演的技艺到了神乎其神的地步。虽然我们很向往，但除了承认他们的天赋和与生俱来的能力、感叹自己的渺小之外，我们只能远远地欣赏那些“天外来客”般的存在。

直到有一天，某个人以一种通俗易懂的方式阐明了这些惊人技艺背后的力量秘密并告知了我们，我们这些平凡的人才能够复制这些“神技”。

有史以来第一次，力量训练专家、特种部队前教官帕维尔将这些技能汇总并整理成一套非常便于教学的技术合集。在本书中，帕维尔精确地展示了清晰的训练体系，传授给每个人在最短的时间内变得超级强大的要领。在获胜才能生存的年代，这种力量是男人获取胜利所必需的。

龙门出版社

自 序

俄罗斯人总是在不影响结果的情况下采用简单的解决方案。美国国家航空航天局的专家曾说，美国是用凯迪拉克将人类送上月球，而俄罗斯是用锡罐将宇航员送入太空的。使用价值150美元的装备，就可以把你的地下室打造成锻炼身体的圣殿。毕竟，与塞满高科技装备的美国健身房相比，拥有老旧金属训练设施的俄罗斯人的训练方法无疑更具性价比。

美国人以擅长跳出框架思考而闻名，因此，在没有补剂和健腹轮的日子里，他们同样想出了有效的力量训练方法。遵循伊尔勒·李德曼（Earle Liederman）在1925年出版的《力量的秘密》（*Secrets of Strength*）一书中的建议（我的书中经常会引用），你会得到比当今市场上大多数力量训练书籍所预期的更好的结果。为什么呢？因为如果你知道如何正确训练并采取行动，就可以得到令人满意的结果，而且无须花费一大笔钱投入到只是看似功能强大的补剂和装备上。

俄罗斯人的动机不是销售维生素，他们想要做的只有一件事：运动至上。如果一种方法不起作用，它就会被抛弃，无论它听起来多么具有吸引力。俄罗斯人从复杂的研究、简单的试错和广泛的实践活动中提炼出了一个有效的力量公式。同时，俄罗斯人从不排斥扎实的国外研究成果，书中推荐的许多技术源自苏联以外的国家，包括美国。

可笑的是，很多美国人热衷于哪种品牌的腿举机最好（实际上它们毫无价值），却对真正有价值的技术建议无动于衷。现在，俄罗斯力量训练的秘密终于可以被想要变得强壮和为此努力的普通美国人所认识。这不是自吹自擂，而是实至名归。从此你不用整天泡在健身房，满足感的到来也不会再度延迟。

帕维尔·塔索林（Pavel Tsatsouline）

前　言

当每个人都想推给你一张地图时，在信息高速公路上行驶是很艰难的。多种多样的、昂贵的且极其复杂的训练方案让人眩晕。健身行业已经到了需要具备生物化学背景以阅读补剂产品广告的地步。一段更衣室的演讲，会让你觉得自己是在一所大学校园的运动生理学研究生院里。世纪之交的健身鼠可谓无用知识的移动的百科全书。哪种品牌的乳清蛋白最好，什么样的卧推凳倾斜角度最适合训练上胸肌，肌酸的优点是什么，一天中什么时候是做有氧运动的最佳时间，如何为肱二头肌弯举和肱三头肌臂屈伸设置超级组以获得最佳泵感……

关注以上这些都不能造就强壮的身体。斯图尔特・麦克罗伯特（Stuart McRobert）哀叹道："我知道很多我不需要的东西，同时对我需要的东西却知之甚少。这就是大多数健身迷的困境所在。"这位一度受挫的健美运动员，在发现了周期化训练和压缩常规的基础练习这样的力量训练秘诀后涅槃重生。

你站在树上看不到森林吗？英国生物学家杰克・科恩（Jack Cohen）和数学教授伊恩・斯图尔特（Ian Stewart）在他们的精彩著作《混乱的崩溃》（*The Collapse of Chaos*）中这样问道："为什么萨瓦纳草原上的食草动物的眼睛长在头的两侧，而食肉动物的眼睛长在正面？"

要学会在复杂的世界中发现简单。"一个真正的还原论风格的解释会深入动物的细胞，对它们的DNA进行测序，并描述导致它们的眼睛长在头部一侧还是两侧的化学变化过程……然而，其实根本不用考虑得那么复杂，有一个非常令人信服的关于上述问题的答案……动物生活在生态系统中，来自外部的力量促使它们进化。食肉动物需要眼睛盯着前方，以便在猎物试图躲避它们的控制时将注意力集中在猎物身上。食草动物需要对捕食者进行全方位的监视，而这最容易通过长在头部两侧的眼睛来实现。”

当内容复杂得惊人时，请查看上下文。

深入挖掘肌肉细胞，试图解开力量之谜，这显然是一个停留在不重要的细节内容上，忘记与强大力量相关的上下文的例子。上下文是显而易见的。你的环境，无论是真实的还是在健身房里自我强加的，都要求你变得更强壮。去举起重量越来越大的重物！就这么简单。

研究非线性动力学的科学家都知道，一个层面上的复杂意味着另一个层面上的简单。他们甚至有一个术语用来描述这种情况。简单性，指的是从潜在的混乱和复杂性中呈现出来的简单的规则。我试图通过这本书为大众提供一种“简单”的力量训练方法，从数十年的科学研究以及数百年的举重实践和武术经验中，提炼出适合任何人的、从电视机前久坐的人到世界级的运动员，都可以使用的简单的力量公式。

李小龙是一位非凡的武术家，他打破了传统格斗艺术中不必要的琐碎，将格斗精细化为残酷有效的要素：

“在我学习艺术之前，对我来说，一拳就像一拳，一踢就像一踢。在我学习了艺术之后，一拳不再是一拳，一踢不再是一踢。现在，我了解了艺术，一拳就是一拳，一踢就是一踢。”

目录

第一卷　力量奥义

第一章　绷紧肌肉成就强大力量

第二章　力量呼吸：武术大师拥有超级力量的秘密

第三章　训练原则

第二卷　自重训练

第四章　自重训练准则

第五章　自重训练体系

第六章　单腿深蹲训练

第一卷 力量奥义

男人渴望拥有力量，渴望力量得到快速的增长。但长久以来，太多的人并未找到获得力量的秘诀。

在数天内增加的蛮力比你举重或练习体操数年增加的还要多；只用一周甚至数小时使你的引体向上完成次数从 5 次提升到 10 次；只用两种练习就可以获得强健的体魄……

这就是这部分内容将要向你展示的东西，你梦寐以求的奥义。

运用适当的技巧，使用最简洁的训练体系，你就可以练就更结实、更有力、更强大、更健康的身体，并在面对任何困难时表现出强大的适应能力。

第一章
绷紧肌肉成就强大力量

绷紧与力量

力量的本质

力量是如何产生的？

用一支铅笔或粉色的芭比杠铃练习弯举，以较重的为准。现在把弯举做起来。哇！你会看到肱二头肌跳入眼帘！当你举起重物时，为什么"血管"会变得突出，因为绷紧是肌肉产生力量的机制。汽车发动机是通过喷出的汽油与空气的混合燃烧推动活塞的；核反应堆是通过将水煮沸，利用蒸汽推动涡轮机旋转的；你的肌肉是通过绷紧产生力量的。

肌肉的绷紧程度（肌肉张力）越高，输出的力量就越大。就这么简单。观察跆拳道运动员在踢腿时，其结实的肌肉是如何凸显的，或者体操运动员在吊环上完成铁十字时，其紧致的三角肌是如何变得坚如磐石的，可以获得直观的印象。

绷紧肌肉=获得力量。你的肌肉绷得越紧，你能够展现和练就的力量就越强。力量和绷紧本质上是一回事。这就是为什么神经系统训练或"无增肌"力量训练可以概括为产生更大力量输出的技能。"技能可能是力量训练中最重要的因素。"加利福尼亚州立大学的力量研究人员托马斯·D. 费伊（Thomas D. Fahey）教授说道。为了获得这种技能，以及随之而来的超级力量，你必须在训练中最大限度地绷紧肌肉。

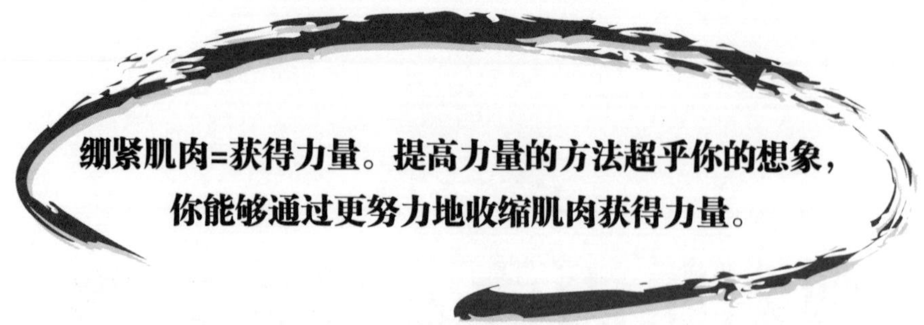

本书的训练会教你如何通过更努力地收缩肌肉来变得更加强壮。期待你的力量从第一天就开始增长吧。

绷紧的技巧

千百年来，武术家、体操家、举重运动员和某些其他类型的硬汉——已经悄然发展出了很多非常有效的技巧。通过引导身体的散射能量进入到目标肌肉中，可以极大地提升身体力量。这些高度绷紧肌肉的技巧（High-Tension Techniques，简称HTTs）通过强迫你的肌肉更努力地收缩使你的力量最大化。本书的训练内容已经把这些技巧进行了系统的整理，形成了一种能够使你快速变强的简单直接的方法。

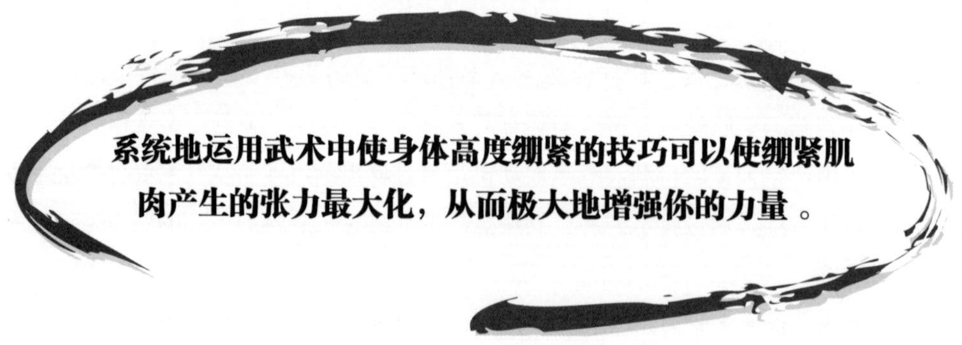

如果你是一个经验丰富的武术家，你会发现，你已经通晓很多这样的技巧。问题是，为什么你不把它们运用到你的力量训练中呢？你为什么不把这些技巧传授给你的学生呢？并且，如果你已经这样做了的话，为什么你的学生仍要花费数年时间才能开始明白这些东西呢？

我并没有宣称是我发明了这些生成力量的技巧，但我认为自己厥功至伟，因为我把它们组织成了一个富有逻辑的体系，并能够在几天、甚至几小时内教给你们。

“帕维尔几个小时的简洁讲解和运用展示涉及的这些技巧和原理，与我练习了10年功夫才弄明白的东西完全一样。”杰夫·马尔托内（Jeff Martone）说道。他是美国联邦核安全小组的一位防御战术和身体训练师。在我的军事和执法课程结束之后，杰夫的评论是我收到的评论中十分具有代表性的。

这些课程重点讲解自重训练使肌肉张力或者力量输出最大化的原理。绷紧肌肉是增强力量的秘密武器。

动态的肌肉绷紧不是制动器，而是发动机

本书的方法坚持认为，当你运用最大力量时，你必须绷紧所有肌肉。这个要求让人联想到冲绳卡塔三正拳（Okinawan Kata Sanchin）。在这套拳法里，你自己的拮抗肌负责提供阻力。

一个自然的反应是：在我对抗自己的肌肉时，那种绷紧将会使我变得更脆弱，而不是更强大!

这种认识是错误的。在诸如冲拳和腿弯举或腿屈伸这样的单关节健美练习中，动态发力可能存在这样的情况。但是，对单臂俯卧撑和单腿深蹲这样的多关节力量练习来说，它们遵循着一套完全不同的规则。

主动肌和拮抗肌的关系是相当简单的。以腿弯举或腿屈伸为例，若股四头肌发力，则腘绳肌就会与之对抗；若腘绳肌收缩，则股四头肌会阻止它们。所以，学习放松腘绳肌，那么股四头肌就会变得更强壮。这正是所谓的“肌肉控制”理论的支持者努力尝试的事情。这种理论在举重运动的曙光来临之际很是流行，然后就有了复合力量训练。仔细观察一下深蹲，无论是配备了杠铃负重的还是利用自身体重的深蹲——肌肉的作用方式并没有本质的区别。股四头肌和腘绳肌都在为站起来这个共同的目标而努力。股四头肌在伸展膝关节，而腘绳肌在伸展髋部。

健美训练中的一个“肮脏”的小秘密是：训练肱二头肌最好的方法之一就是完成力量举风格的宽距卧推。在完成碎颅者这种练习时，你的肱二头肌可能要与你的肱三头肌对抗，但在卧推或单臂俯卧撑练习中，它们会协助你的肱三头肌、三角肌和胸肌发力。

在多关节、高阻力的练习中，拮抗肌常常能起到协同和增强发力的作用，尤其是对有经验的运动员来说。换句话说，“制动器”可以变成“发动机”。

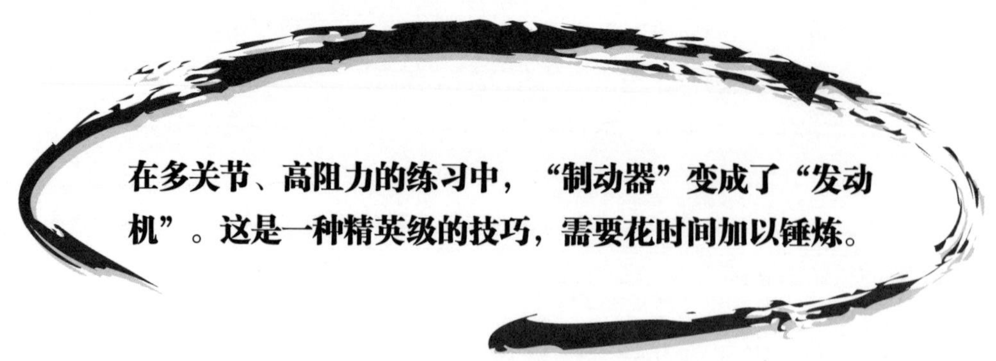

所以，好消息是：在某种程度上，你可以利用肌肉的力量增强自身的力量。但传统上，人们认为那会阻碍他们的运动。现在，来看坏消息：这是一种精英级的技巧，需要花时间去发展和磨炼。就像为了发动攻击而放松拮抗肌那样，正确地绷紧它们可以提高你完成引体向上或俯卧撑时的力量。当然，这些技巧不是一夜之间就能掌握的。起初，你可能会有一点自我斗争，但是随着经验的积累，你会顺利过关的。毕竟，如果这很容易做到，那么每个人都会去做了。

作为一个老前辈，麦克锡克（Maxick）在《肌肉控制的强大力量》（*Great Strength by Muscle Control*）一书中写道：“……当一个举重者拉起一个杠铃的时候——不要介意杠铃的事，这里的原则适用于任何类型的阻力训练。……他的思想意识集中在杠铃或重量上，而不是集中在发力肌肉上。他的目标是把重量举到空中，他并没有关注完成这一任务的肌肉，整个动作在相当大的程度上都被重量控制着。因此，许多可调动的肌肉成了摆设：要么在它们可以被有效利用时没有发挥作用，要么发挥了不必要的作用阻碍了参与举重的肌肉正常发挥作用。”

盲目举重是失败者的做法。

绷紧与速度

慢速练就蛮力

能够硬拉900磅（408.2千克）重量的力量举运动员马克·亨利（Mark Henry）曾说过：“慢速练习造就优秀的硬拉运动员。”一个形象的类比就是，当你需要把一辆车从沟里拖出来时，你需要呼叫一辆拖车，而不是一辆法拉利。

现在，爆发式举重训练非常流行。毫无疑问，爆发力是许多运动所需要的，只是，这种训练不适用于打造和“研磨”蛮力。俄罗斯在这方面的研究非常详尽。如果你需要参考，请在龙门网站（www.dragondoor.com）的论坛上联系我。

我知道你在担心什么。放心吧，这样训练不会使你的动作在武术和其他运动中变慢的。太极拳和空手道中的三正拳并不会阻碍习武者的进步，不是吗？你要明白，只有很少的一些运动像力量举那样需要单纯地关注最大力量。大多数运动都要求你在使用力量时可以“多挡变速”。这需要运动员单独训练他们的爆发力。本书完全专注于“慢速”下的最大力量而非爆发力的训练，因为最大力量的训练在其他地方得到的关注很少，或者根本不会被注意。

强调速度会牺牲肌肉的绷紧程度。任何需要进行力量训练的运动员——无论是体操运动员、硬拉运动员，还是摔跤手——影响其运动表现的最关键的技巧之一就是保持肌肉绷紧的能力。“保持绷紧！”是在任何力量比赛中你听到的最多的喊叫。而且只有精英运动员才能在保持肌肉绷紧的同时爆发出闪电一样的速度。即使是西部杠铃俱乐部（Westside Barbell Club）以爆发力训练而闻名的力量举运动员，也会在他们的训练计划中专门安排出一天时间“慢慢研磨”最大力量。所以，忘记那些昙花一现的表演吧，直到哪天你掌握了全身绷紧的技巧，你的力量才会开始令人印象深刻。

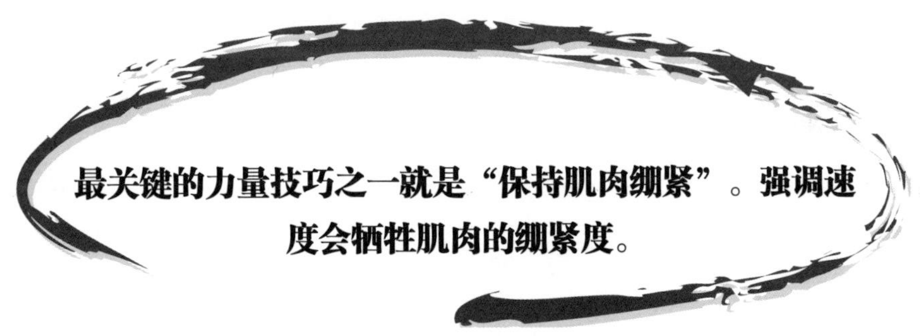

精英级RKC（Russian Kettlebell Challenge）导师罗布·劳伦斯（Rob Lawrence）在龙门网站论坛上发表了一篇见解深刻的帖子：“……诀窍就是在不牺牲支撑重量所必需的肌肉绷紧程度的前提下尽可能快速地移动身体。如果你想把胳膊甩到自己身前，那胳膊应该尽可能地保持放松；但是，如果你想在卧推中推起杠铃，那么动作的速度必然会受到支撑杠铃所需要的肌肉总体绷紧程度的限制。”

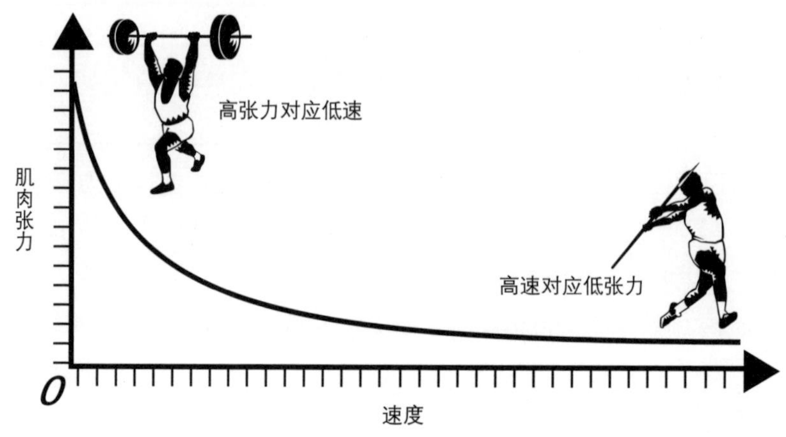

希尔曲线

“新手应该优先训练绷紧肌肉！如果你试图教导学员立刻达到闪电般的速度，那么学员很容易混淆‘快速移动的运动’和‘急速启动的运动’。这是两种完全不同的运动。这就是本书的训练体系首先强调绷紧肌肉的原因。当你具备了必要的肌肉绷紧基础时，那才是你开始尝试加快速度的时候。有些人在第一次举重练习时就能‘掌握它’（即掌握速度–绷紧肌肉的组合技巧），这着实令我震惊。举个例子，曾经有一位来上我的壶铃课的女士，她在第二节壶铃课上就用绝对权威的方法快速推举起两个12千克重的壶铃。真是让人印象深刻。”

最终你可以提高速度——但是只能在你能够保持最大肌肉绷紧程度的时候才可以加速。

这并不意味着，你应该按照在10秒内完成多少次重复这种夸张的方式训练，这种方法在那种女人气十足的健身俱乐部倒是非常时髦（我无法找到一个更合适的词）。这种俱乐部因为有粉红色的哑铃和男孩乐队而被人们熟知。但是，你不应该刻意放慢速度，就像你不应该刻意地加快速度一样。你应该像一名体操运动员那样专注于保持肌肉绷紧。如果你可以像斯蒂夫·麦昆（Steve McQueen）一样，那么运动速度就会水到渠成了。

当你需要加速的时候，不要被射击一样密集的重复次数吓到。慢速训练会使你拥有驾驭它的力量。这才是真格力量的信心所在。

慢速制胜

健美运动员说，应该集中精力锻炼肌肉，而不是举重。很多事情并不是非此即彼的。本书的独特之处在于，其技术可以在最大限度地提高训练效果和运动成绩的同时，保障训练的安全性！

肯·哈钦斯（Ken Hutchins）表示："总的来说，人们不会因为使用过大的重量而受伤……人们受伤往往是因为他们的行为——无论重量大还是小。

"走到你的车前，抬起它……开始均匀地发力。用力，在10秒左右的时间内逐渐将力量增加到最大，并保持最大发力状态几秒钟，换气（事实上，屏住呼吸10秒不是个好主意。），再次保持最大发力状态几秒钟，再次换气，然后慢慢收力并放松。

"你的背部受伤了吗？没有……但如果我只是命令你抬起你的车，而没有关于如何施加和释放力量的详细指示和告诫，结果会怎样呢？大多数人的典型反应是，面对阻力猛拉和奋力上抬。这种行为——而不是汽车的重量——通常会导致受伤。"

除了安全性，还有很多原因支持慢慢地上举和放下重量。上举重量3～5秒，放下重量3～5秒钟，是本书训练体系的特色规则！

首先，希尔曲线已经告诉我们，肌肉张力会随着动作速度的增加而下降。鉴于提高肌肉张力是我们所追求的，快速完成动作是一个愚蠢的想法。请注意一个现象，肌肉线条最壮观的运动员是那些缓慢运动项目的运动员，例如体操。

其次，与你的认知可能相反，如果猛拉，你将无法举起更大的重量。只有当要举起的重量足够小时，弹震式技术才是有帮助的。你的练习决定了，你的训练重量不可能总是很小。观察一个力量举运动员硬拉600磅（272.2千克）的过程，你会看到，他在一开始会慢慢建立起肌肉张力，然后拉紧杠铃杆几秒钟，直到杠铃杆弯曲、杠铃片不情愿地离开地面，就像火箭起飞时那样。接下来，他会慢慢完成剩下的过程。整个过程可能长达5秒钟。

一种叫作激发速率爆发（Firing Rate Burst）的神经现象可以解释上述过程。猛拉杠铃杆，你的力量的确可以立时激增，但随后，肌肉会完全放松下来。这意味着，如果你没有成功地将杠铃一次性举起并锁定，那你就失败了。在上面的例子中，如果力量举运动员试图猛拉600磅（272.2千克）的杠铃，他也许可以把杠铃拉离地面几英寸，但即使没有受伤，随后杠铃落下产生的巨大动量也会使其摔倒。他无法产生足够的动量将杠铃拉起到最高点，他的神经生理学也不允许他接下来切换到慢速模式继续拉起杠铃。

卧推动力学的研究表明，二流的力量举运动员经常会将杠铃快速推离胸部，然后在杠铃行进到一半时力量耗尽。与之相对的，顶级的力量举运动员起步较慢，整个卧推过程完成得稳当且信心十足。是的，安全和成绩可以不是一枚硬币的两面！

具有讽刺意味的是，一个习惯于以猛拉的方式举起杠铃的炫耀者在面对大重量时会失败得很惨。研究表明，当训练者尝试以弹震的方式举重，而重量太大无法被一口气举起时，训练者的肌肉会很快力竭，神经系统会因此感到不安，从而发出停止举重的指令以防止受伤。结果是，训练者再也无力举起杠铃。同时，科学家确定，像前文举汽车的示例中那样的超级慢速倡导者所建议的举重方式，可以帮助训练者顺利举起大重量。缓慢而稳定地提高肌肉张力，就不会出现前文提到的那种“猛拉失败，后续无力”的状况。

神经系统的反应是能否举起大重量的关键。当重物在到达指定位置前停止或几乎停止移动时，试图猛拉举起重物的运动员或非运动员的神经系统会把这一事件定义为失败，并发出指令结束该进程。而在慢速举重状态下，即使重力一时占据了上风，来自身体的反馈也会告知神经系统可以坚持，不要放弃。正如我咨询过的一位青少年力量举全美冠军所说的，“你必须学会如何慢速举重！”

力量背后的神经学

“原始力量”与“技巧”

“这里边都是技巧。”这是一位正在揉着自己充气似的粗壮胳膊的健美运动员说的话，他刚刚在掰手腕的台子上，被一个胳膊只有他一半粗的家伙击败。这是典型的找借口。掰手腕当然是需要技巧的，卧推也一样。

事实上，力量的运用确实需要技巧！在2003年的一项研究中，测试者在3个月内将他们的肱二头肌的力量提升了13%，并且他们没有做任何练习，只是通过简单地想象着努力绷紧他们的肱二头肌实现的。对这种力量获得的唯一可能的解释是：“神经力量”的强化产生了更高的肌肉绷紧程度。

让卧推世界冠军乔治·哈尔伯特（George Halbert）为我们阐明这个事实：“为了增强力量，一个人要学习的最重要的东西就是正确的技巧。外界有一种观念，我把它描述为‘他并不强壮，他只是技巧好’。这是一种糊涂的认识……你以前听哪个人说过‘他不是一个神枪手，他只是技巧好’或者‘他跑得根本不快，他只是技巧好’

这种话？”

对“愚蠢”的肌肉表演的赞赏甚至超过了对专注于并磨炼“精神力”的关注，那显然太愚蠢了。在阿诺德·施瓦辛格（Arnold Schwarzenegger）健身博览会期间，我们的摊位张贴了一款海报，一个面向所有人的挑战：用我们88磅（39.9千克）重的壶铃完成一次严格意义上的实力举。这个庞然大物并不顺手，它有一个粗大的、光滑的把手。我们甚至不需要这样的要求，这个壶铃本身就能够让那些叫嚣“这只是技巧”的人闭嘴，并把这种论调驳斥得体无完肤。我们要求的只是一次严格意义上的、膝关节锁定的实力举。

结果，大力士和举重运动员举起这个重量的壶铃没有任何问题，但220～250磅（99.8～113.4千克）重量级的健美运动员却遭遇惨败。相反，我们的精英级RKC导师罗布·劳伦斯却可以凭借165磅（74.8千克）的体重、180.3厘米的身高条件举起这个壶铃。罗布就是一个拥有“智慧型”肌肉的典型例子。他是一个纤瘦而结实的空手道专家，他注重以实战而不是锻炼的态度锤炼力量。另一个RKC导师、英国自由搏击选手尼克·弗雷泽（Nick Fraser）举起同样的壶铃时体重不足70千克。

罗布·劳伦斯，精英级 RKC 导师，正站在运动平台上展示壶铃动作。罗布强调力量、严格的技巧、集中精神和练就纤瘦结实的身体。照片由“费城壶铃俱乐部”（Philadelphia Kettlebell Club）友情提供

难道它们“全都是技巧”？的确如此！它有损于这些绅士们的成就吗？不会，相反它提高了他们的水平。试问哪一种情况会让你感觉更丢脸？是被一个大块头击败，还是被小个子打倒？

包括力量训练在内，在任何需要努力的事情中，集中精神能够比身体变化提供更多的支持。观看一个纤瘦且年迈的空手道大师把一堆砖头劈成两半，就足以把一个年轻的健美者吓到了。

没有大块头的超级力量

保罗·安德森（Paul Anderson）曾被誉为“大自然的奇迹”。1956年，力量专家确信，这个重达350磅（158.8千克）的大块头创造的纪录宣告了举重历史的终结。然而，在1996年的亚特兰大奥运会上，纳伊姆·苏莱曼诺格卢（Naim Suleimanoglu）以132磅（59.9千克）的体重和史无前例的力量-体重比创造了抓举的新纪录。

不要以貌取人。不要以肱二头肌的大小来判断一个人的力量。事情往往不是表面看起来的那样简单。当人们论及肌肉的力量与其横截面积成正比时，这种说法是有条件的，即其他因素都是平等的。“其他”在很大程度上是指神经系统对肌肉的激活水平，或者称为神经效率。据估计，一个普通人在其最努力的时候只能收缩20%～30%的肌肉，即使是一名顶级的举重运动员，他那令人印象深刻的肌肉的收缩率也不会超过50%！

如此看来，你的肌肉是有能力举起一辆小汽车的。只是大多数人并没有意识到这一点罢了。为了正视你真正的力量潜力，可以思考这样一个事实：当一个人被闪电击中时，他的肌肉会撕裂，肌腱会断裂，甚至骨头会碎裂……同时他的肌肉也会被电流完全激活。

可能我们还不知道如何完全解决力量不足的问题，但现代训练方法可以显著提高你的肌肉激活水平，以及你的力量。这本书会教给你将顶级的“肌肉软件”安装到神经系统中的方法，提高你的力量输出和肌肉张力。而且，只要你愿意，无须增加你的体重。

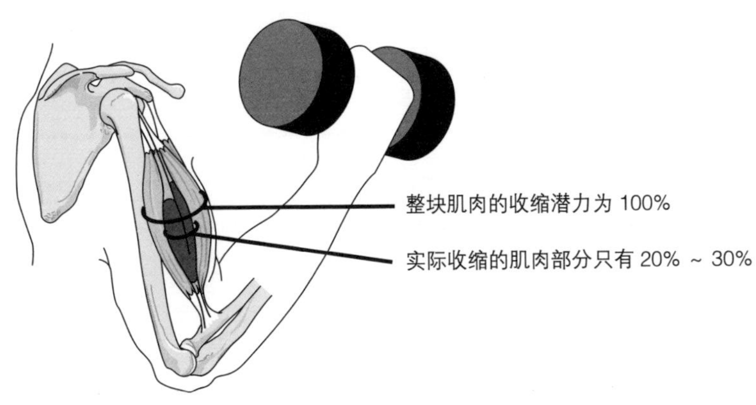

肌肉收缩率示意图

俄罗斯顶级力量专家尤里·维尔霍山斯基（Yuri Verkhoshansky）教授和南非顶级力量专家梅尔·西夫（Mel Siff）博士指出："重要的是，与力量产生相关的大多数因素都是功能性的，而不是结构性的。""那些由神经系统的效率决定的因素是力量产生的根本，因为肌肉'马达'是由神经系统提供给肌肉的同步电脉冲驾驭的。因此，使用合成代谢类固醇来增加肌肉块头的做法可能是错误的，除非健美是你唯一的目标。建立专门的训练机制以增强神经系统的调节能力在科学和道德上都是更可取的……"

著名力量举教练路易·西蒙斯（Louie Simmons）曾经说过："很多改练力量举的健美运动员看起来只能在其现有的最大力量之下很好地举重。为什么会这样？因为他们只训练了肌肉，没有训练中枢神经系统。"

20世纪80年代，纽约的力量举运动员肯·雷森勒（Ken Leistner）博士目睹了健美运动的风靡，并预测了有效力量训练的衰退。他是对的。块头增加等于力量增长的偏执认知导致了两个不幸的结果。

首先，训练者开始将力量训练等同于健美训练，导致中看不中用的"好莱坞式的肌肉"泛滥。尽管美国新一代举重运动员看起来非常健壮，但与他们的前辈不同，他们的举重能力无法与东欧人相提并论。

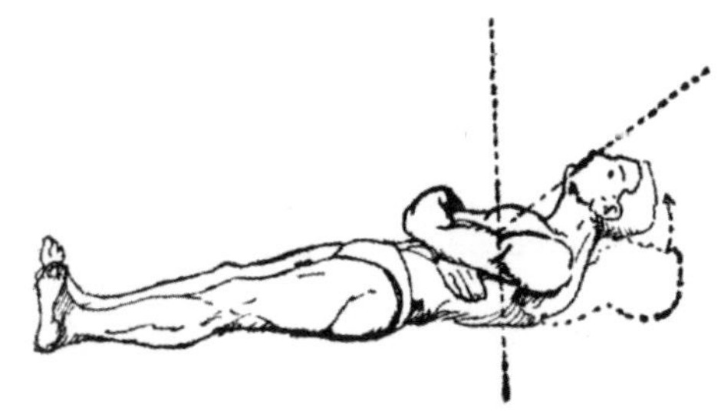

其次，女性因为害怕变得身体臃肿而回避有效的力量训练。她们满足于花

哨无用的训练方式，因为她们不知道，即使没有健美运动员那样的大块头，她们也能变得更加强壮。女士们求助于高重复次数的训练项目，可悲的是，这些训练项目对于增强她们的肌肉张力或力量输出毫无帮助。事实上，把健美训练等同于力量训练是完全错误的！

如果把力量训练比作赛车，传统的增重就是在增加发动机的尺寸。本书的方法则完全不同，这种极具现代感的技术能够使给定尺寸的发动机输出更多马力。正是基于此，参加摔跤和体操等必须控制体重的运动项目的男女运动员可以在不增加衣服尺寸的情况下获得高水平的力量，采用这种训练方法的健美运动员最终可以获得中看又中用的肌肉。

拳头的力量

肌肉辐射

趴在地上做5次俯卧撑，朋友！只做5次，但要选择有挑战性的变式——比如，你可以把脚放到高处或者用单臂来完成。完成5次重复后，你应该还可以再奋力完成几次，但请停下来，每组训练次数不要超过5次。请用你的手掌来完成俯卧撑，而不是你的拳头、手背或者手指。通过这样的训练，你才能更好地掌握徒手生成力量的原则。

你要注意在第一组训练中遇到的困难。经过短暂的休息后，完成另外5次，但有一点不同：在你推地起身的时候，用你的指尖用力抓地板。不是用你的指尖把自己撑起来，只是用指尖抓地板而已，这会使你的指尖发白。你只需在推起身体的过程中这么做。自己体验一下，通过抓地板你是能够在整个上升的过程中获得最好的发力效果，还是仅能在支撑点获得最好的发力效果。

你不难发现，你的手臂瞬间获得了一股额外的力量，就好像是绷紧的前臂向上输送了一些能量进入了你的肱三头肌一样。那正是这个过程中发生的事。当一块肌肉收缩时，它会向周围辐射出“神经力量”，增强邻近肌肉的收缩强度。

握拳。握紧的拳头。握紧到指关节发白的拳头！

注意，当你紧握拳头时，你的前臂肌肉绷紧产生的张力会溢出并进入你的上臂，甚至进入你的肩膀和腋窝之中。

通过用力地抓地板、单杠等物体，你可以在任何上半身训练中提高你的力量。真正值得注意的是，紧握你的拳头同样能够增强你的腿部力量！完成一次标准深蹲，要求在动作底部停留1秒后再起身。先做几次并注意你起身时总共耗费了多少力气。在你做下一次深蹲时，在你即将起身的那一刻，把你的拳头攥紧到指关节发白的程度。你会发现深蹲变得更容易了！这个技巧能够很快帮助你攻克单腿深蹲，或者手枪深蹲。

你的手指如何辅助你的手臂，你的脚趾就能如何辅助你的双腿。当你从深蹲的底部起身时，控制你的脚趾用力抓地面，你就能够提高髋部肌肉的收缩强度并轻而易举地站起来。

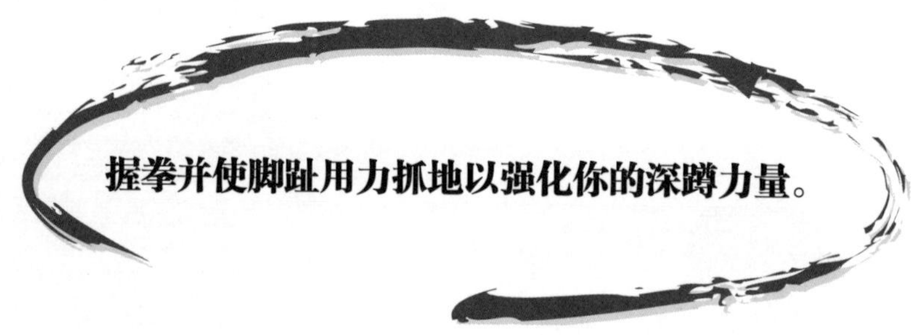

无意识击发的力量：枪械教官的警告

你的手是通过“肌肉软件”“连接”在一起的。一只手会模仿并响应另一只手的动作。如果一只手突然发力，会导致另一只手的肌肉反射性地收缩，并且其收缩强度会比反射性收缩发生之前提高20%。

这种肢体间反应的现象被称为“挤压响应”，并使得世界各地的枪械教官心存恐惧。他们警告说：“除非你准备射击，否则不要把你的手指放在扳机上。如果你的手指一直扣在扳机上，你另一只手的任何动作——比如，打开手电筒或打开一扇门——都可能会由于这种响应的存在而导致你的枪走火。”

这种能给警察带来麻烦的事，却能为你的力量训练提供帮助。

试试这个测试：尽可能地用力握紧你的训练伙伴的手。

接着再来一次，但是这次，把你空闲的那只手握紧成拳。

当你在单臂力量训练（比如单臂俯卧撑）中达到动作的黏滞点时，将你空闲的那只手突然握紧成拳直到指关节发白或者紧紧地抓住地面或某个杠子，这么做将会激发

尽可能地用力握紧
你的训练伙伴的手

……再来一次，同时把你空
闲的那只手握紧成拳

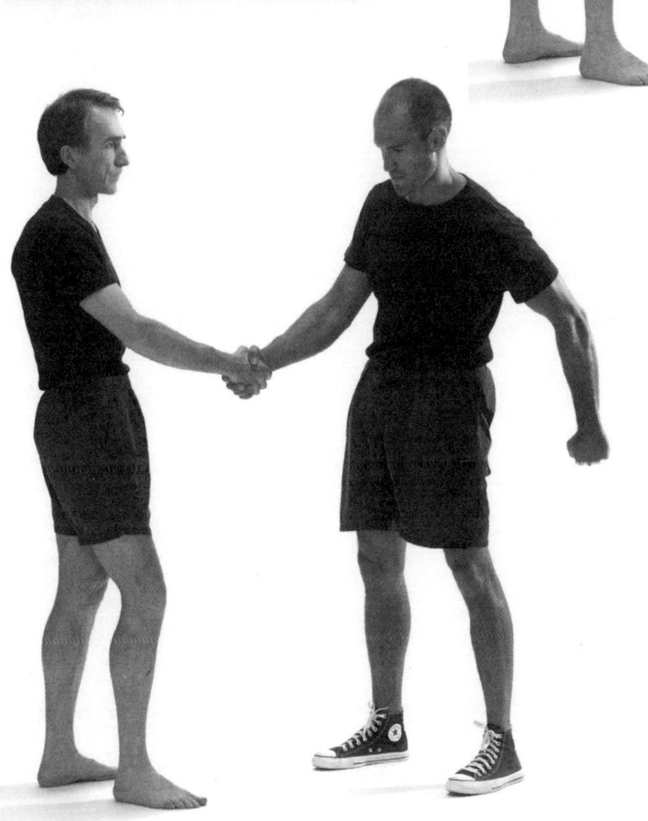

你的力量并使你顺利通过黏滞点。

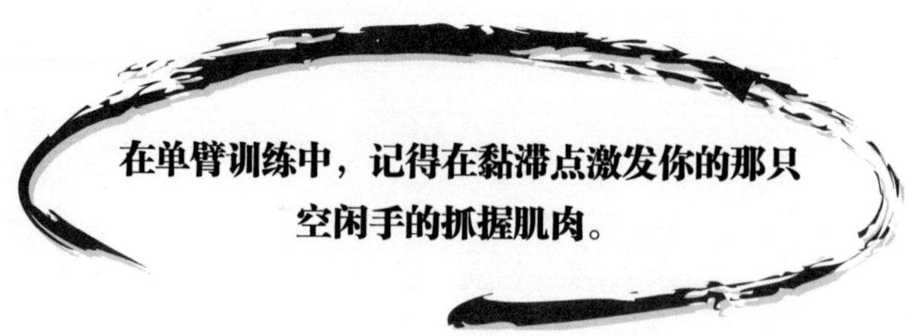

在空手道和其他硬派功夫很多出拳的情况中，这种策略十分奏效。在你反击打到目标的瞬间，把你的空闲手握紧成拳。你不可能注意不到，有一条“力量线”连接着你的两个拳头。

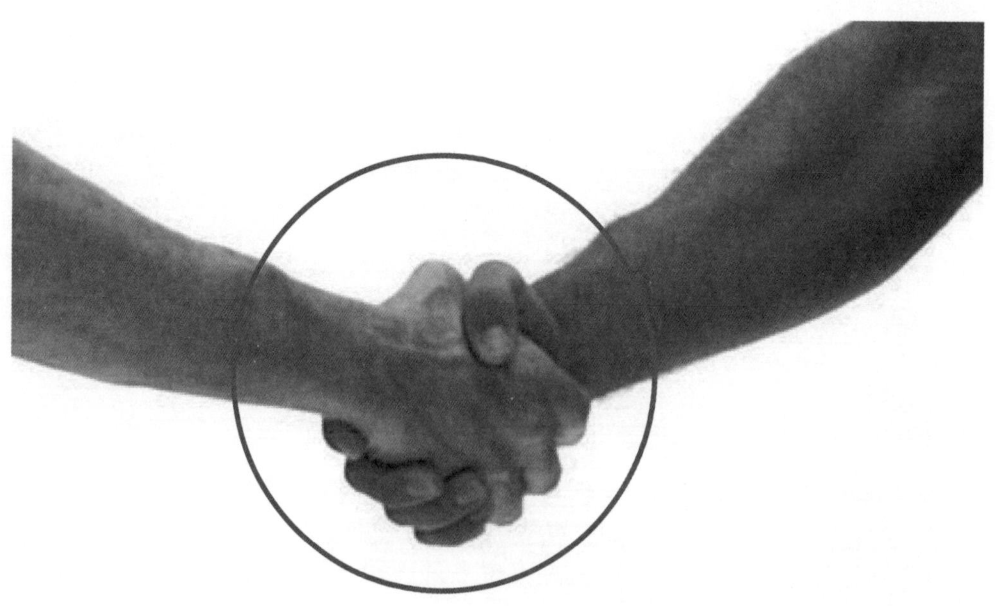

超级辐射

增强力量和安全性

大自然已经为我们的神经系统配备了很多有用的“软件”，使我们可以高效地工作。例如，反射弧使你的身体可以跟随大脑的指令做出反应。这也是抬头硬拉更容易、更安全的原因：颈部肌肉的伸展会促使背部的所有肌肉收缩。

一些有用的神经程序“软件”很容易运行，而另一些则需要一点技巧才能破解。接下来的内容，我会教给你如何使用各种肌肉“软件”，以最大限度地提高力量训练的有效性和安全性。

让我们从辐射开始。可以通过有意地调动更多的肌肉发挥作用，来充分利用这种现象对力量的放大效应。要如何做呢？只需在所有上半身练习中用力挤压杠铃杆，并在所有举重练习中努力收缩腹肌和臀肌，你就可以进入超级辐射状态。这是一种高强度的力量技术，可以获得无延迟的力量提升。我教过的力量举运动员普遍反映，第一次尝试这个看似简单的技术时，他们的卧推成绩就增加了10磅（4.5千克）！

除了强大的力量激发效果，这种“反孤立”技术还可以通过稳定训练者的身体，防止其起伏和弹跳，大大提高了力量训练的安全性。我建议你立即使用杠铃或哑铃练习弯举，测试超级辐射的安全性和有效性。

首先，像之前一样，以正确的动作练习弯举，注意保持上半身挺直，背部不要拱起。当你开始感觉到费力时，请同步执行以下操作：

- 手指用力挤压杠铃杆，就好像你想把它碾碎一样；
- 用力收缩臀肌，就像要用两半屁股夹住硬币那样；
- 收紧腹肌，就像你准备迎接一拳重击那样。

如果遵循已故空手道大师中山正敏（Masatoshi Nakayama）的建议，你就可以更容易地将腹肌和臀肌融入动作中：“为了力量和稳定性，有必要找到一种从肚脐到肛门的连线尽可能短的感觉。”

一旦完成了这一连串的操作，你会立即感觉杠铃变轻了，你将能够多完成几次重复，并以有史以来最好的状态完成训练！你的身体会保持一个最安全的姿势和状态。当训练再次变得费力时，杠铃的运行速度会减慢，但仍能在动作不变形的情况下继续移动，因为身体得到了更多的支撑。练习几次，仔细体会细节！

“加油”而非“作弊”

你不能在独木舟上架设大炮，因为独木舟提供不了有力的支撑以应对大炮的后坐力。

除非你的整个身体都绷紧并倚靠地面，否则你是无法安全地举起一个可观的重量的。当训练者开始感到沉重，在杠铃下方扭动身体时，力量训练损伤就会发生。“孤立”训练一块肌肉，排除其他一切，这在很大程度上是造成这些损伤的原因。学习上述的“反孤立”技术，通过整体肌肉的绷紧来稳定身体，你受伤的概率会大大降低。

东方的武术大师们深知绷紧肌肉是如何提高身体稳定性的，这也是像三正拳这样需要最大限度地绷紧全身肌肉的武术练习被广泛采用的原因之一。《空手道之路》（*The Way of Karate*）告诉我："上地（Uechi）先生表演功夫并不是为了展示他有多强壮，而是为了向他的学生证明，人体并没有大多数人认为的那样充满局限性。"他想通过展示功夫来强调三正拳的重要性，他说，除了三正拳，不需要其他方法。

学习"反孤立"技术，通过整体肌肉的绷紧来稳定身体，你受伤的概率同样会大大降低。

"他展示的第一种功夫是稳定性测试。他让两个最高大、最强壮的学生拿起挂在学校门上的一根大竹竿抵靠在他的肚子上。然后，他以三正拳的姿势站定，并要求两个学生尽可能地用力推。学生推了两分钟，但始终无法让上地先生挪动分毫。"

过去的奥林匹克举重运动员比现在的举重运动员受过更好的教育，他们清楚地理解这一概念，并在将杠铃举过头顶之前努力踩踏地面。英国人乔治·柯克利（George Kirkley）曾经写道："大腿和臀部肌肉的这种充分绷紧至关重要，因为它要为推举提供坚实的基础。"松弛的肌肉会吸收直接负责目标任务的肌肉产生的"后坐力"，让它们的力量在肌肉中消散，而不是用于举重。随着时间的推移，男女训练者都养成了躺着训练的习惯。我曾看到一本《在床上训练》（*Exercising in Bed*），让我惊讶的是，其中居然没有卧推。老派的力量与稳定性的秘诀就这样消失了。

"在整个运动过程中，保持身体的每个部位都绷紧"。力量举世界冠军厄尼·弗

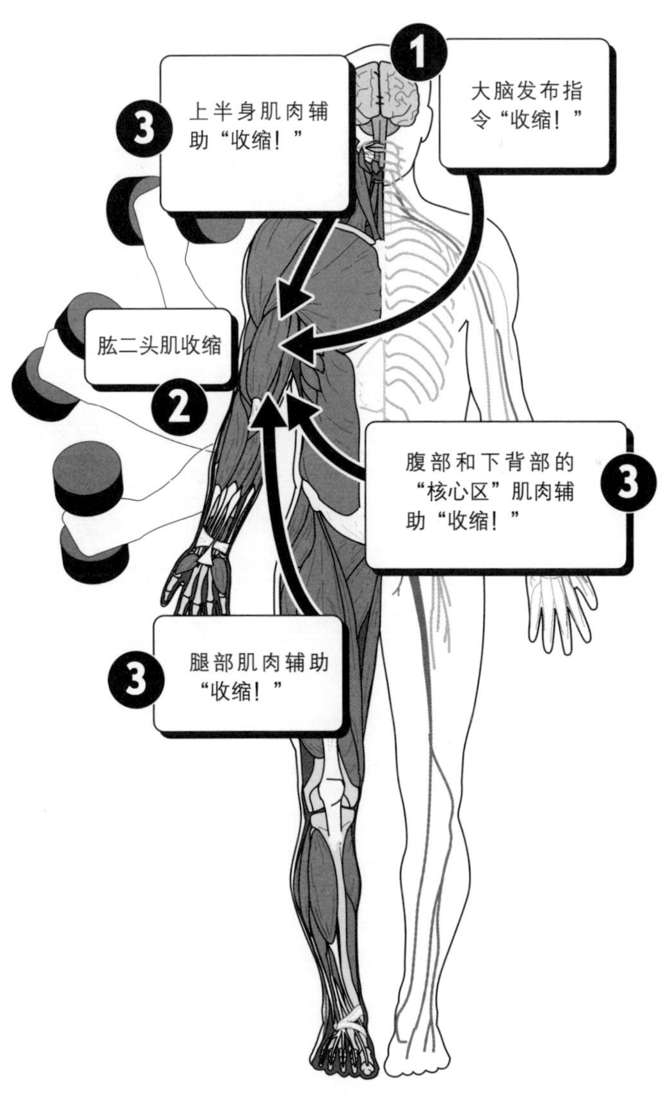

兰茨（Ernie Frantz）在制定力量举的第五条准则时，本能地理解了肌肉的辐射效应。厄尼说道："只要你的身体绷紧并保持刚性，受伤的风险会很小。想象一下，训练深蹲时，你的腿部肌肉都已绷紧，但手指只是轻轻地抓在杠铃杆上。接下来会发生的是，你会感觉重量很大，身体会无形中变得紧张，心理压力会增大，继而影响训练效果。现在，如果你紧紧抓住杠铃杆，使全身每一块肌肉都为后续的动作做好了准备，你会相对轻松地完成深蹲。"

我将超级辐射的好处总结如下：

1. 通过动员"额外"的肌肉形成的脉冲对目标肌肉进行额外的神经刺激来增强目标肌肉的力量输出；

2. 通过提供一个坚实的、有效对齐的基底来增强力量；

3. 通过显著提高身体稳定性来提高训练的安全性。

前馈张力

我想让你做一个测试。拿一个空水罐，把它放在水龙头下面，同时弯曲双臂握持水罐。打开水龙头，把目光移开。在没有任何有意识思考的情况下，你的肱二头肌会逐渐拉紧，以支撑变重的水罐。

现在做另一个测试。请你的伙伴举起一个空的手提箱，但要提醒他箱子很重。他会做好充分的准备，双手紧紧抓住手提箱。手提箱在用力过大的情况下会飞到空中。下意识地，你的伙伴会立即轻松地发出适合手头负载的力量并调整动作。

肌肉的收缩强度是"加油"指令，而"住手"的指令则是来自大脑和神经系统的其他部分，例如肌肉和肌腱中的各种传感器。脊髓不断处理来自这些本体感受器的关于阻力和关节角度的信息。然后，它会发出指令，对肌肉力量进行必要的调整，使其适合当前的情况，例如，命令你的肱二头肌在水罐变得越来越重时更用力地收缩。

这是一种高效的反馈操作，旨在防止你把很轻的冰激凌蛋卷拍到脸上，或者在试图举起一个很重的物体时秀出兰花指惹人嘲笑。不幸的是，这种巧妙的计算系统会损害你发挥最大力量的能力。一旦阻力接近你认为的最大值，反馈回路就会开始发挥作用。由于担心肌腱受伤，它会发出强力的"刹车"信号，命令肌肉停止发力。

因为通常情况下，你能使用的力量不会超过肌腱结构性力量的30%，所以力量调节器机制的设置过于保守。科学家认为，在踩离合器的同时踩下油门，即最大限度地减少对肌肉的抑制性输入，是世界上最强壮的人梦寐以求的打开超级力量之门的关键。绝境中的老奶奶能够与豹子搏斗，母亲会奋力抬起汽车拯救压在车下的孩子……

1. 反馈回路

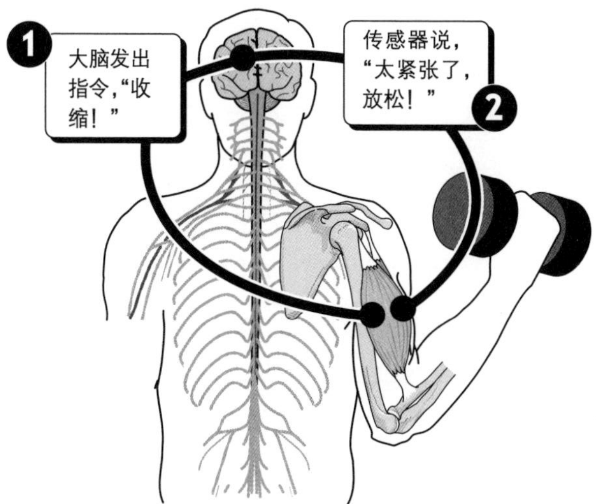

2. 前馈训练

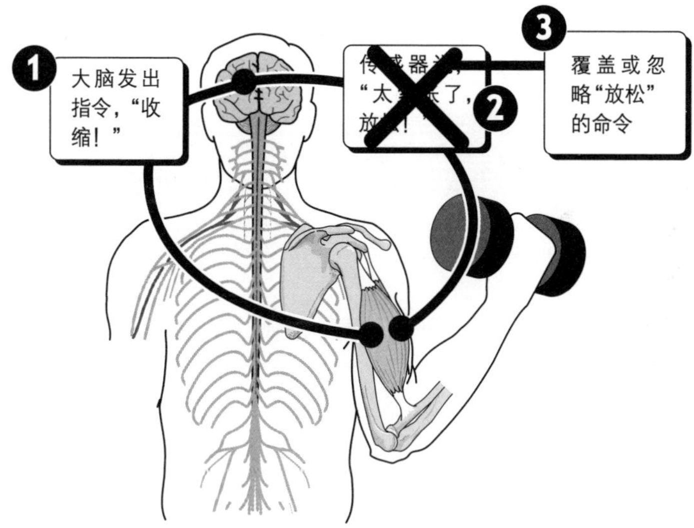

有很多类似的例子。他们就处在一种阻止了“放松，你可能会受伤”的命令到达肌肉的状态。

此外，精神错乱的人可以弯曲牢房窗户上的钢条，也是因为他们的神经回路出了问题。错乱的精神不会识别抑制性输入，也不会阻碍肌肉发力。这就是去抑制训练的本质，也是力量训练最热门的新方向。当然，我们可不想完全失去理智，而是要学会有选择地忽略它们。

进入前馈张力状态，这是最有前途的去抑制技术之一。它要求你在使用次最大重量或者不使用任何重量的情况下，最大限度地收缩你的所有肌肉！这与查尔斯·阿特拉斯（Charles Atlas）提出的“动态张力”法颇为相似。你应该通过竭尽全力地收缩肌肉来模仿举重时的发力状态。正如太极拳在专注力和意识层面与形式相似的健美操不同一样，动态张力是一部奥斯卡获奖级别的世界力量举纪录哑剧，而不仅仅是无意识地走过场。

俄罗斯科学家阿诺欣（Anokhin）和普罗谢克（Proshek）在20世纪初就开始这样做了。或者他们是这么想的，从印度前往中国扎根的东方武术神话达摩祖师可能在1500年前就做过这种练习。有一段时间，科学家对动态张力持怀疑态度，认为通过在肌肉中人为制造阻力就可以学会“踩离合”是有问题的。随后，苏联科学家科瓦利克（Kovalik）的一项研究毫无疑问地证明，“虚拟举重”可以增强力量，即使对于所谓的快速举重亦是如此！

肌肉张力的高值是一个原因，但今天我们可以想到另一个原因。只有当受试者忽视其肌肉和肌腱提供的反馈，即肌肉没有收缩抗力时，才能在没有阻力或重量较小的情况下最大限度地收紧肌肉。与正常的反馈操作相反，无论重量如何，前馈张力技术都能最大限度地收缩肌肉，从而产生超人的力量！一旦肌肉承受了非常大的负载，它们就能够成功地忽略现实，举起该死的重物！此外，你还要记住，你必须在某些时候举起过真正的重物。练习三正拳或“铁布衫”的武术大师知道，他们必须打碎东西或以其他方式击打固体物，才能变现由动态张力构建的力量。你的关节和结缔组织以及

从印度前往中国扎根的东方武术神话达摩祖师被认为开发了《易筋经》——早期的动态张力练习集萃，其中包含了 1500 年前形成的一系列强制身体产生张力的姿势。左图展示的是其中一个叫“拉牛尾”的练习。据推测，达摩祖师开发它们是为了帮助体弱的僧侣增强体质

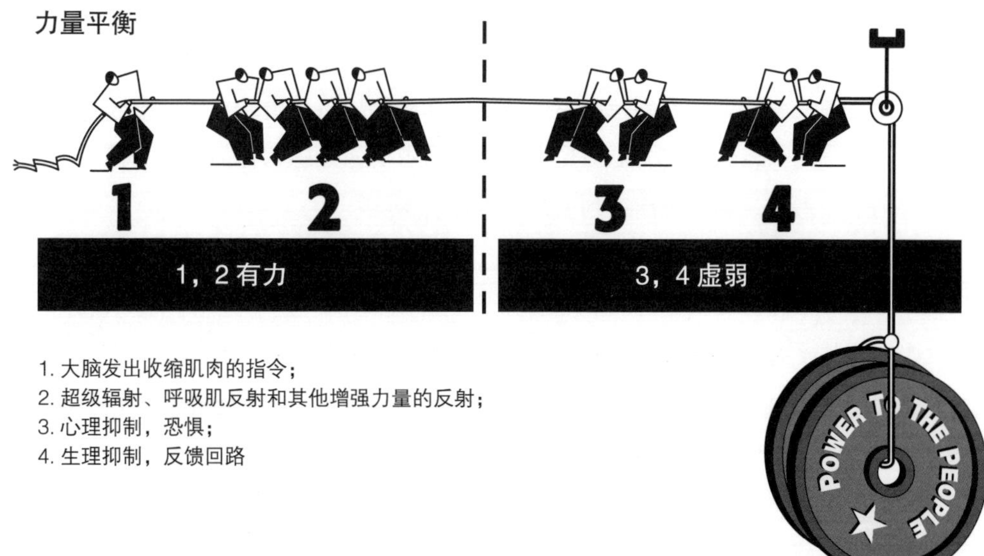

肌肉都必须变得更强壮——对它们来说，虚拟的阻力不会切断它们！

在与超级慢速倡导者肯·哈钦斯的一次对话中，他的同事、医学博士基斯·约翰逊（Keith Johnson）创造了“内化”一词，强调专注于举重的过程而不是结果：“他们教促你训练，因为……你必须打败一个竞争对手。他们教你把佯装的攻击性表现出来。你要做的恰恰相反。你更应该深入探索身体内部的潜能。当训练时，哈钦斯的研究对象似乎屏蔽了周围的环境，专注于类似催眠的内化状态。这是一个形象的词，内化。”将其与努力对抗杠铃的外在表现进行比较。请记住，在本书的技术框架内进行“内化”训练，“外化”的结果，即举起杠铃的重量，也将达到其最大值！我们追求卓越。

尽管我在本书中多次提及慢速，但我必须明确表示，我并不赞同肯·哈钦斯的力量训练体系。准确地说，我反对的是我早年在美国遇到的“疯狂超慢运动”——它要求一个人用10秒钟举起杠铃，用5秒钟放下杠铃。这种夸张的慢速要求你抑制力量输出，且必须使用非常小的重量。这样一来，无论是内在的肌肉张力，还是外在的举重表现，都被弱化了。

本书提倡的慢速举重，举起杠铃需要3～5秒，放下杠铃的用时也一样——因为所有肌肉的最大张力复制了通常需要那么长时间的最大举重所需的力量。其实，完全没有必要给自己计时。全身肌肉产生的张力会自动减缓你的速度。当所有的肌肉都绷紧时，你可以试着快速移动——你根本做不到！与“超级慢”或任何其他训练方案相比，本书的训练方案产生了超凡的结果，因为它允许全身参与，形成最高水平的肌肉张力，并使用最大的重量。客观地说，哈钦斯提出了很多可取的观点，尤其是在严格训练方面，他提出的训练准则也有一些被健美和康复领域采用。

前馈张力和“感知肌肉”也不是一回事。后者更像是感知你的整个身体不再是一种碳基的生命形式，而是被压缩到了黑洞一样的密度！

连续诱导

如何通过收缩肱三头肌获得强壮的肱二头肌，你知道吗？

连续诱导是谢灵顿定律中另一个被利用到极致的例子。根据这条定律，肌肉的收缩，比如肱三头肌——会使其拮抗肌——肱二头肌，变得比平时更强壮。20世纪80年代初，科学家提出，这种训练策略具有去抑制作用。用通俗的话来说就是，当你的肱三头肌有力地收缩时，它们会向控制肱二头肌的神经中心发出一个信息，即肱二头肌不必因为害怕受伤而退缩；肱三头肌足够强大，可以阻止事态失控！

1年后，同一组研究人员确定，采用预先绷紧拮抗肌或连续诱导方法的力量训练计划比传统的训练计划更有效。拮抗肌预收缩的好处不仅在于可以立即提高力量水平，还包括力量的持久变化。

像以前一样，使用基本的杠铃弯举测试连续诱导的效果。按照你之前被教导的方式，完成一系列动作标准的弯举：分别绷紧臂部肌肉、绷紧腹肌和手指紧握杠铃杆。使用一个能够保证5次有力重复的重量，确保肘部保持在身侧，不要向后漂移。记下你以标准的动作完成了多少次重复。

下页的照片展示了一次动作标准的弯举练习。向心运动阶段利用了辐射效应以及良好的身体姿势和呼吸节奏，同时也完成了两次连续诱导，即用肱三头肌将杠铃杆向下拉。

休息5分钟，用同样的重量再训练一组杠铃弯举，但要采用新的技巧。与其利用肱二头肌的制动之力来放低杠铃，不如试着用肱三头肌将重量向下“推”离身体。使用这种技术，你一定能增加一两次额外的重复！这些

重复同样是动作标准的，因为现在你有两个“马达”来控制杠铃杆，而不是一个。

顺便说一句，连续诱导效应由于两侧肌肉的协同收缩，能够提供卓越的关节稳定性。因此，这项技术可以显著降低关节应力。鼓励有关节问题的朋友与医生讨论这项强大的力量训练技术。很有可能，你会获益良多！

如何训练绷紧

强有力的腹肌=强有力的身体

“我所有的注意力、我所有的训练和我所有的想法都是围绕我的腹部展开的。”

——大山倍达（Mas Oyama）

绷紧你的腹肌能够增强身体上的任何肌肉的收缩强度。

武术大师们已经凭直觉理解这一现象几个世纪了，不过你需要自己体验一番。但是，不要急着趴在地上并将其运用到俯卧撑中。很有可能，你甚至不知道如何正确地收缩你的腹肌。

“卷腹时代”的人已经被洗脑了，他们训练腹肌时恨不得把腹部吸进腰里，结果导致身体中看不中用。你应该绷紧核心区肌肉，使腹部充满压缩的能量，你应该感觉到你的下腹部被固定住了。而把腹部吸进去时你会有什么样的感觉呢？那会让你的胸部与腹部脱节，身体软弱无力。那不是这本书要讲述的内容，本书是帮助纯爷们增强

力量的。

你需要了解几件事情。首先，肌肉必须沿一条直线收缩，而不能沿一条弧线收缩。这样你的腹肌才能把你的胸骨和耻骨连在一条直线上，而不是一个半圆弧上。其次，当你把腹部吸进去时，你的腹内压力（也可以称为“气”，如果你一定要弄明白的话）会降低。最终你会发现：平直的腹肌才是强壮的腹肌。

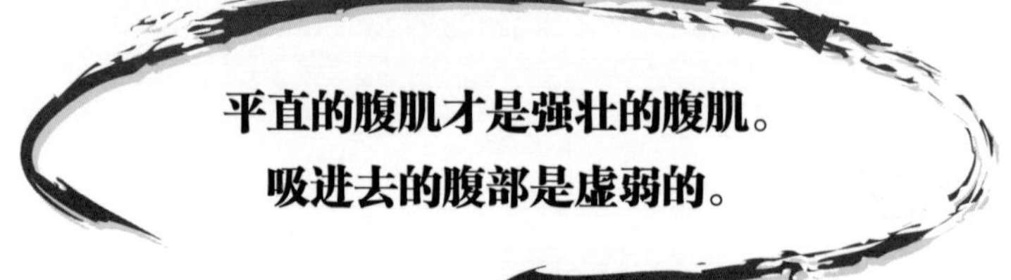

在你学会平直、有力地收缩腹部肌肉之前，你是无法变得更加强壮的。完成下面的“压背卷腹”练习，你就能学会该如何做了。如果在标准的卷腹姿势中，你的膝关节弯曲成90°，你的双脚平放在地面上。现在，与专注于卷腹起身不同，你要把所有精力投入到用力下压下背部的过程中。这招是我从澳大利亚作者基特·劳克林（Kit Laughlin）那里学到的。它非常好用，使卷腹练习家族总算拥有了一种独立的、有价值的变式。

当你戴上一条空手道腰带并下压后背的这个区域时，将会发生一些很酷的事。你的脊柱会自然地拱起。你的躯干和你的骨盆将会抬起，就像一个大家伙猛然坐到了一张床垫中间，垫子的两端会翘起那样。但你的身体无法像你做卷腹那样抬得更高了。因为当你的下背部贴紧身下的台面时，你是不可能坐起来的。

这种不寻常的动作使你的髋部屈肌无法发挥作用，这就意味着，你可爱的腹肌需要完成更多的工作。最终，压背卷腹将迫使你的腹肌沿一条直线收缩，因为它们理应这么做。

如果你在背部下方放些东西，比如一个卷起的瑜伽垫，那么压背卷腹的效果会更好。你将可以通过一个幅度更大的动作来锻炼腹肌，并且你会发现下压变得容易了。

总之，不要关注卷腹、身体上卷或仰卧起身这些方面，只需专注于把你的下背部尽可能用力地下压到台面上。在你练习卷腹的时候，把双手放在腹肌上，并留意身体的感觉。你应该在任何情况下都能够重现这种感觉。一旦你做到了这一点，你就可以尝试下面的力量测试。

与一个伙伴握手，你们两个都尽可能地握紧对方的手，并且你需要让他注意到你握得有多紧。短暂休息一下，然后重复测试。你的伙伴还像刚才一样没有变化，但你要把额外地收缩腹肌加入动作中。

保持你的腹肌收缩且外观平直，再现你完成压背卷腹时的感觉。我再强调一遍：当你收缩腹肌时，不要把它吸进去或使它挺起来。绷紧腹肌，就好像你准备要挨拳一样（可以安排尝试一下）。你（甚至是你的陪练伙伴）将会注意到你的握力更大了。

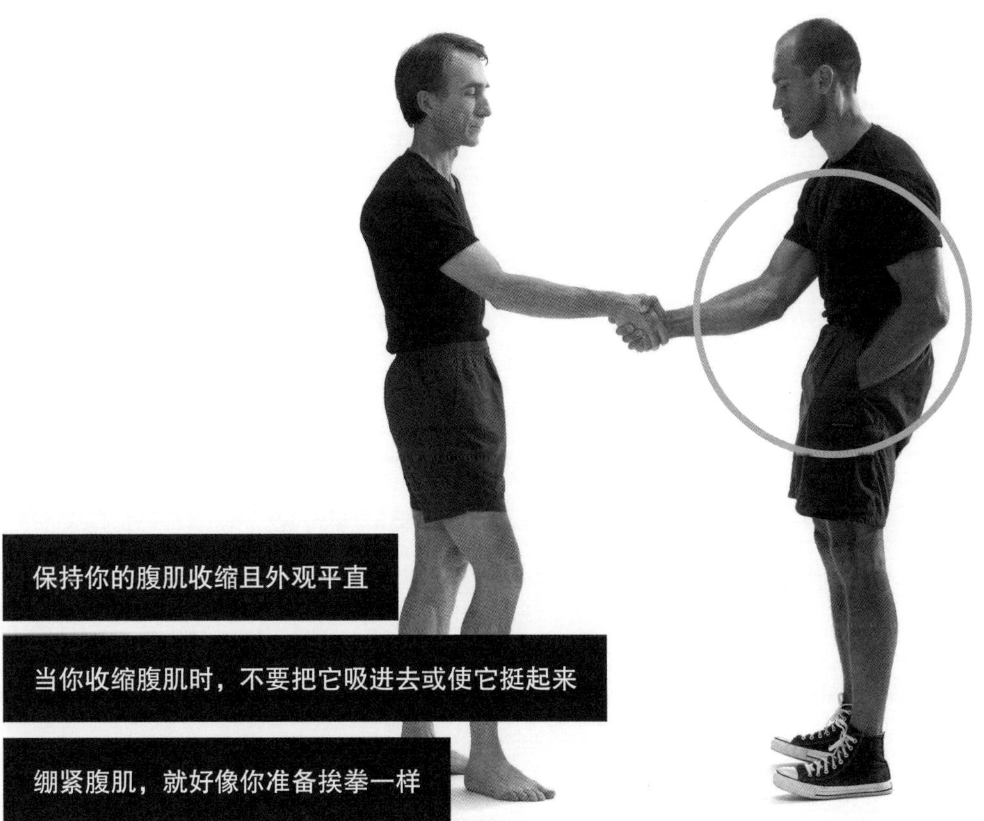

提升“臀部驱动力”

经验丰富的格斗家并不是因为巨大的胳膊而令人印象深刻的。他们知道，真正惊人的力量是由臀部产生的。一位空手道大师甚至表示：牧原冲拳意在强化臀部力量，而不是指关节。拳击教练斯蒂夫·巴卡尔（Steve Baccari）是一名RKC导师，他告诉我，迈克·泰森（Mike Tyson）的胳膊直径是40.6厘米，伊万德·霍利菲尔德（Evander Holyfield）的胳膊直径是38.1厘米。以一个体重160磅（72.6千克）、身高165厘米的健美运动员为标准，他们的体格都足够巨大了，但你必须承认，对重量级拳击手而言，这些数字显得相当普遍。

然而，大多数人，甚至是运动员，都痴迷于锻炼他们的胳膊，而对如何调动臀肌——可能是身体上最强壮的肌肉——的力量却一无所知。你必须掌握这个技巧，因为如果你不知道如何通过臀部肌肉形成高度绷紧的身体状态的话，那么你的力量训练就无法有效地进行，你的武术技巧也无法得到有效的运用。

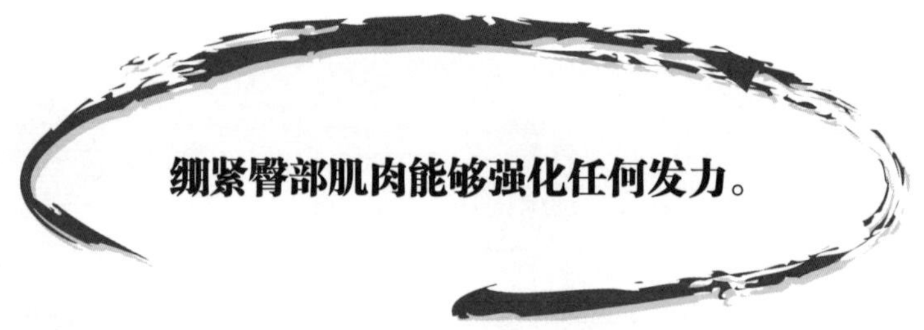

一个有效的想象就是用你的两半屁股夹紧一枚硬币。这个建议听上去可能有些愚蠢，却很有效。

回到我们的握力测试。除了收缩腹肌，你需要在握紧伙伴的手的同时，绷紧你的臀部肌肉。你的握力会变得更强。我保证。

你刚学到的这三个技巧能让体操运动员在十字支撑（Iron Cross）练习中的力量瞬间提升约40磅（18.1千克）

【出自《绷紧的力量》（*The Power of Tension*），作者：布拉德·约翰逊（Brad Johnson）】

我汇总了一个粗略实验的结果，研究的是肌肉绷紧技巧对力量表现的影响。自从帕维尔要求我写一篇文章，我就决定通过更好的设计和更精确的测量来重新完成这个实验。

我选择的力量练习是十字支撑。我站在一个体重秤上，用双手下压吊环，然后测量在不同发力条件下我能够抬起的体重数值。我用双手抓住吊环并伸展绷直的胳膊，使双臂的角度比完美的十字支撑姿势高出 20° 左右（有点像 Y 形而不是 T 形）。这样的角度加大了动作中的不利杠杆发挥的作用，而且我相当肯定，我无法把身体完全从体重秤上抬起来。我设置的四种发力条件如下：

（1）尽我所能用力下压吊环，而且没有使用以下三种绷紧技巧中的任何一种；

（2）尽我所能用力握紧吊环；

（3）绷紧我的腹部肌肉；

（4）绷紧我的臀部肌肉。

四种条件下的测试，每种我都要重复做 6 次。我总是从第一种条件开始，然后变换剩余三种条件的测试顺序。比如，第一次测试的序列为 1、2、3、4，第二次测试序列是 1、3、4、2。在每一种序列中，我会依次增加一种绷紧技巧，以便我能测量它们的累积效果。在第一序列中我按照下面的顺序测量力量：

（1）没有使用任何绷紧技巧；

（2）紧握双手；

（3）紧握双手 + 收缩腹肌；

（4）紧握双手 + 收缩腹肌 + 收缩臀部肌肉。

所有测试序列都以这种方式进行。我决定测量 6 组，这样就可以把三种绷紧技巧可能出现的每一种顺序都做一遍。这使我既能分别计算每种绷紧技巧的单独效果，又能计算三种绷紧技巧对力量发挥的累计贡献，能为我呈现出更为丰富的数据，让我能够直观地检验每种技巧的作用效果。

在每种条件下，我都会尽力下压吊环，并尽可能地只使用规定的绷紧技巧。这很有挑战性，因为我已经习惯了同时使用所有的技巧。我用力下压大约 3 秒钟，然后观察体重秤的指针。尽管指针在 4 ~ 6 磅（1.8 ~ 2.7 千克）之间颤动，但找到中心点还是很容易的。我记录下体重数值并休息 1 分钟，然后开始测试下一种条件。在每一种序列中，我观察第一种和最后一种条件下的数值，以确保我的发挥没有受到疲劳的影响。还好，这些数值在整个实验过程中几乎是相同的。

现在来看好消息！将三种绷紧技巧组合起来使用，力量提升的平均值是 40.3 磅（18.3 千克）。单一条件累积提升力量的平均值分别是：紧握双手——8.5 磅（3.9 千克），收缩腹肌——20.3 磅（9.2 千克），收缩臀部肌肉——11.2 磅（5.1 千克）。在每组序列的第二位，三种绷紧技巧中都会有一种是首先被使用也是唯一被使用的技巧。在每种条件下，当只有一种技巧被使用时，提升力量的平均值分别是：紧握双手——10 磅（4.5 千克），收缩腹肌——30 磅（13.6 千克），收缩臀部肌肉——13.5 磅（6.1 千克）。

我知道肌肉绷紧技巧能够提升力量，但是提升的幅度如此之大令我感到惊讶。我猜想：单独使用和组合使用绷紧技巧所提升的力量值，取决于选定的练习和运动员本身的水平。我意识到我以前犯了认识性的错误，但这个实验结果已经足够使我信服《绷紧的力量》！

我希望这个实验报告已经讲明白了。如果有人不明白，我很乐意与你讨论关于本次实验的任何问题。

> 朋友，请留意本书中的每一个训练提示！阅读、实践，然后继续阅读并实践更多的内容。产生力量的技巧比单独的某个练习要重要得多。如果你跳过高度绷紧肌肉的技巧部分，直接练习其中的动作，那你不是在按照本书的指导训练，而是在浪费你的时间。如果你存在注意力缺陷障碍而无法留意那些技巧，那你就没有必要进行力量训练。

“静力重踏”：利用反作用力来使力量最大化

空手道大师中山正敏曾经说过：“动力来源于支撑腿的强大推力。这个原理跟喷气发动机的原理是一样的……运动的关键在于支撑腿与地面之间的反作用力。这个反作用力越强，动作的推进就越快。”

当你做单腿深蹲时，要专注于用你的脚给地面施加最大的压力；当你做单臂俯卧撑时，要专注于用你的手给地面施加最大的压力。正如奥林匹克举重者喜欢说的：径直推地面。想象一下，你的脚正在用力地向下踩踏。是的，这就是“静力重踏”！因为一些原因——包括身体上、心理上以及生理学上的——这么做会促使你的推力肌肉更强力地收缩。

去体验一下吧。单腿站立，然后越来越用力地踩踏地面。假如你处在单臂俯卧撑的顶点，那就用手做同样的事情。感觉到肌肉绷紧程度稳步提高了吗？如果你在动作的最低点试着这样做的话，你将会径直向上弹起。

退一步说，根部的发力会给你强大的后轮（臀部）驱动补充力量，而且这种技巧并不是只能运用于静力训练中。比如，举重者在挺举动作中也会使用这种技巧。

用你的手或脚给地面施加最大的压力，径直推地面，通过“静力重踏”找到施加最大压力的感觉

用你的手掌或脚底的整个表面“重踏”，着重强调从根部发力，即脚后跟和手掌根。手掌根指的是手掌的基部、小指下方的部位。这个部位是手掌发力的位置。作用于这个部位的压力与手臂成一条直线，从而使手臂的发力非常顺畅而强劲，并激发出肱三头肌和背阔肌的力量。

在单臂俯卧撑中，你同样需要保持腿部绷直，并用前脚掌用力推压地面。你的身体的各个部位是相互联系的，孤立状态纯属虚构。你可以尝试一下，这种技巧确实有效。

绷紧背阔肌并保持肩膀向下：顶级空手道大师和卧推运动员的秘密

耸肩，或者肩膀前倾，抑或者两者兼而有之，都会损害你的肩膀，并且同样有损于你的力量——无论你是在出拳、卧推，还是在做俯卧撑。你这样做是在“切断”你的手臂与强大的躯干肌肉的联系。

中山正敏曾经说过：“肩膀要一直保持放低的状态……如果肩膀抬起，身体两侧的肌肉就会松弛，力量就无法凝聚。”这位大师说的是出拳的情况，但是单臂俯卧撑与出拳并没有本质的不同。“臀部、胸部、肩膀、手臂、手腕以及拳头——所有这些部位必须紧紧地连接在一起，并且所有的肌肉都必须充分地发挥作用。但是，如果出拳时肩膀抬起来了，或者肩膀先于身体的动作发生了移动，那么无论手臂上的肌肉如何收缩，腋下周围的肌肉都将无法正常地完成收缩——这会进一步导致拳头从目标物体反弹回来。”

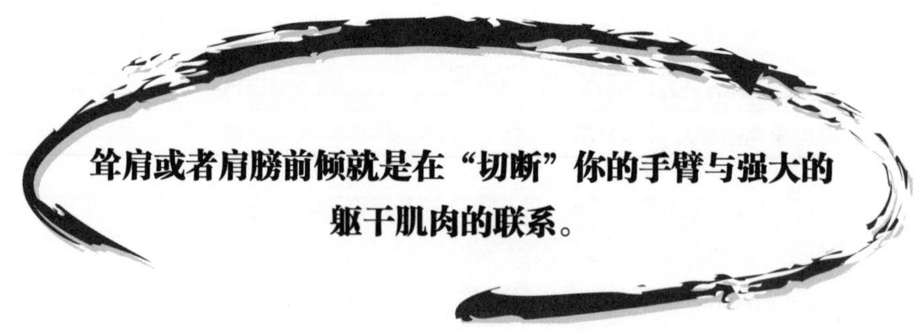

耸肩或者肩膀前倾就是在“切断”你的手臂与强大的躯干肌肉的联系。

许多顶尖的力量举运动员都会把他们的肩膀朝着卧推凳和双脚的方向下压。他们因此举起了更大的重量，且遭受的肩伤困扰更少。这与你在俯卧撑中推起自己的身体没有本质的不同。

虽然把力量集中在肩膀顶部并靠其推起重量是一件看起来很自然的事情，但这么

注意单臂俯卧撑中肩膀的正确运动方向。如果你处于站立姿势，这种方向可以描述为“向下、向后”

做是因为你很虚弱和有伤在身。“在出拳的时候（包括在完成单臂俯卧撑的时候），要使手臂外侧和肩膀上方的肌肉绷紧程度最小化，维持一个可以顺畅‘传递力量’的弧线路径——绷紧背阔肌和前锯肌（沿肋骨分布）——以传递压力。”物理学博士、空手道导师莱斯特·因格贝尔（Lester Ingber）坚持这样的观点。换句话说，推起重量是靠腋窝周围而非肩膀起始发力的。“保持腋下绷紧，并避免肩膀僵硬，因为僵硬的肩膀会切断腋下区域与速度和力量的源头——躯干之间的联系。”因格贝尔建议。

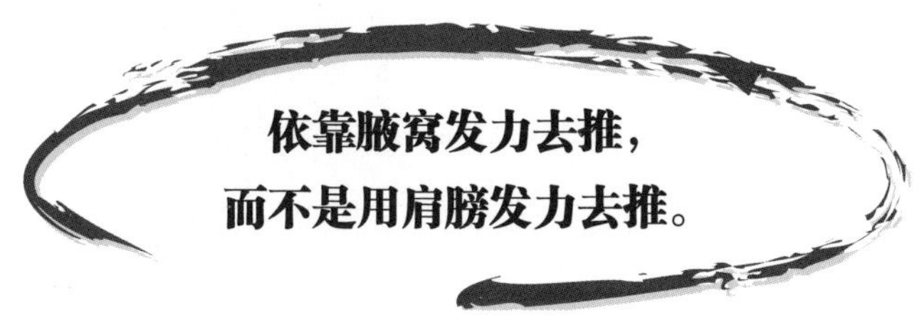

也许对现在的你来说这有悖直觉，但一旦你掌握了腋下发力的原理，你就会惊讶于以前没有运用这个技巧时是如何训练的。如果你按照这个方法训练，你的单臂俯卧撑、出拳和卧推将受益无穷。

“螺旋”：空手道出拳的另一个秘密

“空手道出拳时手臂的扭转有助于拳头沿着一条平直的路径运动，”中山正敏解释道，“这与枪管里的膛线（螺旋线）的原理是一样的。如果没有膛线，子弹出膛后就会不断翻转并偏离它的预定轨道。因为有了膛线，弹头发生自旋并沿着一条平直的轨迹射出……扭转前臂有助于凝聚并增强力量。这是千真万确的，因为扭转手臂的技巧会使所有的肌肉瞬间绷紧。”

旋转，或称为螺旋力，几乎能够提升任何动作的稳定性和力量。

这就是螺旋原理的本质。紧握步枪，左手在前、右手在后，同时两只手用静力向相反的方向扭转——右手顺时针扭转、左手逆时针扭转——这使得美国海军陆战队武术项目（U.S. Marine Corps Martial Arts Program）中的刺刀格斗发生了巨大的变化。海军队员的刺杀动作变得更有力并且更不易偏转。这与力量训练的道理是一样的。接下来的一系列训练会教给你如何掌握这个技巧。

在你的前方抓住一根棍子，就像你在卧推时抓住杠铃杆那样。

你应该能够感觉到你的腋窝周围、你的背阔肌和你的胸肌展现出的肌肉张力。你

的肘部将会靠近身体略微收紧，你的肩膀将会向着远离耳朵的方向放低。顶尖的卧推运动员会伸展他们的背阔肌把杠铃杆推离胸部。螺旋技巧是帮助你掌握这个高难度技术的捷径。

如果没有棍子可用，那就把你的手臂伸向你的身前，然后尽可能地由内向外扭转它们。想象着你正在把手臂拧进你的肩窝里。你应该能够感受到绷紧肌肉产生的张力从你的腋窝发出并以螺旋的形式传递到你的拳头上。

注意，空手道出拳时手臂是由外向内扭转，俯卧撑（还有卧推或拳击）中的手臂

双臂由内向外扭转：右臂顺时针扭转、左臂逆时针扭转

则是由内向外扭转。也就是说，右臂顺时针扭转、左臂逆时针扭转。你的肩膀会收回到肩窝里，并利用手臂的这种外旋动作发挥出更强的力量。

重新做一次握手实验，测试螺旋的力量。

然后趴在地面上做两次标准的双臂俯卧撑。你的指尖要用力抓地，并在确保你的双手保持在原位不动的情况下，向地面施加同样的由内向外的螺旋力，就像你给棍子施加螺旋力那样。

你是否感觉到一股无形的力量从你的腋窝沿着手臂螺旋下降，从而使你可以毫不费力地推起自己

再次强调：你的双手要保持在原位不动；螺旋运动发生在你的肩膀上

你的手指应该用力抓地，但要保持双手的位置不变。这样，俯卧撑会变得非常容易。你的身体应该感觉像是在借助弹簧的弹力上升。你应该能够感觉到一股明显的螺旋“能量”从你的腋窝传递到你的双手。

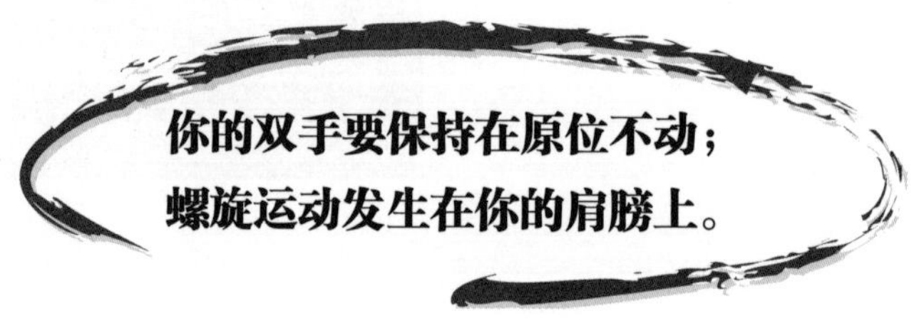

预先绷紧肌肉

一个老辣的掰手腕者会在裁判喊出“开始”之前就高度绷紧他的所有肌肉！一个顶尖的掰手腕者甚至会在握住对手的手之前就绷紧肌肉。而一个外行只会等待裁判的命令发出后才开始调动他的肱二头肌发力，结果他甚至还没有搞明白是怎么回事，就发现自己被压制住了。

在我第一次与职业选手摔跤时，我也经历了同样的事情。我还没来得及抓住他的手，那个家伙已经把他的肌肉绷紧到了最大程度，甚至到了抖动的地步。“开始！”发令声响起，他已经把我的胳膊按在地上了。当他出击的时候，我收缩肌肉发力已经来不及了。

尽管摔跤也需要速度和技巧，但关键在于，你要在经过一些训练后，总是能够在肌肉承受负载或遇到阻力之前最大限度地绷紧肌肉。

根据增强式力量训练之父、著名体育科学家尤里·维尔霍山斯基的理论：在肌肉动态收缩之前通过等长收缩的方式绷紧你的肌肉，能使你的力量输出提升20%。你马上就会体验到这指的是什么。

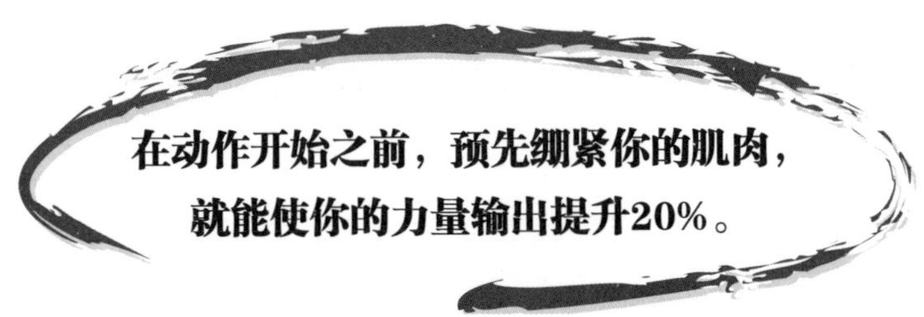

完成5次严格的俯卧撑，要求在每次重复之间，你都要趴在地面上使身体完全放松。留意在每次推起自己之前，你要把肌肉绷紧到何种程度。再做5次俯卧撑，但这一次在推起自己之前，你一定要最大限度地绷紧肌肉。你应该发现你的力量比之前大了许多。

你可以尝试完成1次单臂俯卧撑或其他具有挑战性的俯卧撑变式，但要从身体趴在地面上完全放松的姿势开始。最可能的结果就是：你会失败。现在，在开始推起身体之前，预先绷紧全身，结果你就成功地完成了这次尝试。

发力之前绷紧肌肉能够增强肌肉的力量。你必须掌握预先绷紧身体以对抗阻力的方式，就像你预先绷紧身体对抗击打一样。

“如果身体绷紧，它可以承受任何冲击。”力量举名将厄尼·弗兰茨解释道。他在训练中本能地选择了正确的路线，他的书《厄尼·弗兰茨的力量举十诫》（*Ernie Frantz's Ten Commandments of Powerlifting*）获得了被翻译成俄语的罕见荣誉。“如果有人击打你的腹部，它很可能会痛，但如果你预先绷紧腹部的肌肉，它就不会感到疼痛……”事实上，中国的铁布衫功夫训练者会从8英尺（2.4米）高的墙上跳下，胸部着地，然后活蹦乱跳地向你讲述这件事！

这个技巧的要点是，在阻力作用于身体之前，你就要预先绷紧自己的身体；如果等到阻力发挥作用时就太晚了。霍迪尼（Houdini）能够承受任何人的猛击，如果他已经准备好的话。而在没有收到提醒就被击中时，他死了。

这种从完全静止状态开始的训练——正如上面描述的那样——能很好地锻炼你获得高绷紧度的能力，尤其是在薄弱部位绷紧肌肉的能力。因为这种练习方式消除了有益的反弹，从完全静止状态开始的训练对肌肉提出了极大的挑战，并能够通过普通的俯卧撑和其他类似的练习使相关肌肉得到强化。

所以，当你变得足够强壮可以完成这种训练时，务必在你的训练计划中加入大量的、从完全静止状态起始的训练。完成单臂俯卧撑时，你要趴在地面上使身体完全放松，然后绷紧肌肉并推起自己。在从单腿深蹲的最低点发力起身之前，你也要让身体处于放松状态。享受疼痛吧！

厄尼·弗兰茨同样表示，全天训练绷紧全身的肌肉有助于提高举重成绩（在假期里，当你不需要负重训练时，可以试试）。你最好的选择是，在负载之前先绷紧全身的肌肉，并在完成组内重复期间保持肌肉的这种绷紧状态。回想一下，当你的肌腱处于负载状态，关节受到挤压时，它们会向你的肌肉发送负面的信号。在你的身体移动到杠铃杆下方之前，最大限度地收缩所有的肌肉，你就可以不受负面反射的影响，从而完成最激烈的肌肉收缩。这样一来，当重量压在你身上时，它们已经来不及破坏你的力量输出了！在感觉到重量加身之前，你应该可以保持之前绷紧肌肉所获得的大部分肌肉张力，这会转化为更强的力量和安全性。

也许杠铃训练可以让你更准确地体会到提前绷紧全身肌肉的显著作用。我不需要再提醒你，肌肉张力和力量增加之间有极高的相关性。在20世纪60年代末苏联的一项研究中，在3种收缩类型（拉长收缩、缩短收缩、静态收缩或等长收缩）的所有组合形式中，等长收缩之后的缩短收缩（向心收缩）显示出最高的张力值。我认为，这与最大力量产生的一些特点有关。如果把肌肉比作橡皮筋，你就能够理解它在拉伸时是如何获得张力的了。想象一下，如果在拉伸橡皮筋之前扭曲它，你是不是可以为橡皮筋加载更多的张力！

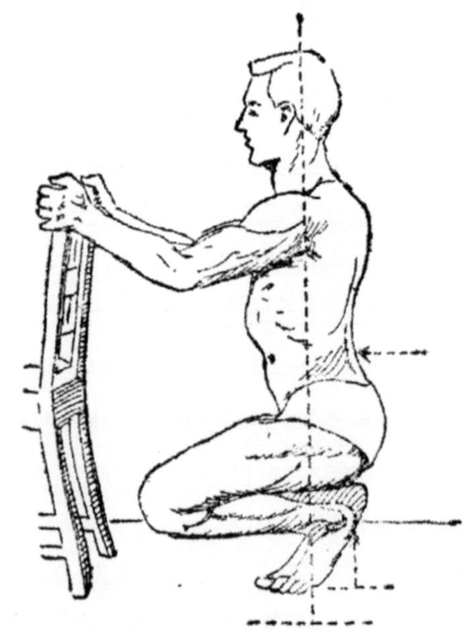

一些科学家认为，当肌肉必须产生非凡的力量时，就会发生这种情况。在杠铃压下之前将肌肉预先绷紧到抽筋的程度，可以与在橡皮筋完全收缩后扭转橡皮筋做类比。这样做可以使肌肉储存大量的弹性势能，因为压下的重量会在下降的过程中拉伸并舒展橡皮筋，消除扭曲。这毫不奇怪，俄罗斯的早期研究表明，在肌肉的缩短收缩阶段，正是储存和利用肌肉张力的能力将精英运动员与“失败者”区分开来。厄尼·弗兰茨无愧于力量大师的称号，他一直知道，举起大重量的关键是在杠铃还没有落下之前在肌肉中蓄积的张力！

在承受重量之前尽量绷紧肌肉。当你放下杠铃时，试着保持甚至增加肌肉的绷紧程度。在杠铃压下的过程中，肌肉储存的张力越大，你就越容易站起来。

“硬化身体”——绷紧教学里的严厉之爱

下面是如何快速且艰难地习得预先绷紧身体的方法。

美国海军陆战队武术项目是通过“硬化身体”来训练的，或者说是通过适当地击打身体的肌肉部分，使海军陆战队队员能够适应残酷的肉搏战的。苏联的特种部队也进行过同样的训练。在美国的电视画面中，你偶尔也能看到俄罗斯特种兵通过收缩斜方肌和充分地用力敲打腹部的方式，踢碎迎面而来的木板。我们同样通过这种训练方式来教会身体保持必要的绷紧，以举起重物并保证安全。

使身体处在一个缺少绷紧的预备姿势中——比如俯卧撑或深蹲的最高点——起始训练是最好的

让一个伙伴用他的拳头、手背或脚重击你的肌肉。从普通的双手俯卧撑开始不失为一个好主意。但是这种重击并不是要把人击晕的那种。如果你在被击打时绷紧肌肉的话，这些击打甚至无法伤到你或留下淤青。当然，你的伙伴不能重击脊柱、骨骼、头部和其他脆弱的部位。

你的伙伴应该击打你全身的肌肉——

从小腿一直到脖子。他应该着重击打那些很难收缩的肌肉。例如，如果因为髋部外展肌，也就是大腿外侧的肌肉没有得到动员，你很难在单腿深蹲中站直身体的话，那么适当击打几次臀部的外侧——不要击打大腿的骨骼部分——应该就能够激发出外展肌的力量。

练习单臂俯卧撑需要重点关注的区域是腋窝（即胸肌和背阔肌的交会处）以及腹肌。在单腿深蹲及其变式中，腹外斜肌、臀肌和大腿周围的所有肌肉都应该受到一些“严厉的”照顾。

所以，去找一个伙伴让他击打你吧——他一定非常乐意去做——而你将在很短的时间内把这种技巧弄明白。

适当击打你的肌肉可以教会你如何把肌肉绷得更紧。

如果你很难用一条腿站直身体，可能是因为你的髋部外展肌，也就是大腿外侧的肌肉没有得到动员

超越绷紧："啮合"

最高级的绷紧肌肉的方式叫作"啮合"，它能把预先绷紧肌肉的技巧提高到一个新的层次。这是一种高级技巧，因为它需要良好的身体知觉。如果你开始时不具备良好的身体知觉，那你首先需要花几个月时间来找到这种感觉。

你需要在预先绷紧身体的姿势中锻炼这个技能：比如，在单臂俯卧撑或单腿深蹲的最高点。

通过绷紧你的股四头肌来拉起你的膝盖。现在，专注于把你的股四头肌提升得更高，直达你的腹股沟，就像你打开百叶窗那样。

接着，让大腿上的其他肌肉——包括内侧肌肉、外侧肌肉以及腘绳肌——做相同的事。就好像你用双手抓住了膝盖上方的腿部肌肉，用力捏紧并把它们缓慢地拉进腹股沟的感觉。同样想象着，你正在把你的大腿向上拉入到髋部的关节窝里。

试着找到那种“啮合”肌肉的感觉，那应该非常有力。你会感觉到大腿肌肉在缩短、变硬，并向着髋关节回缩。

收缩你的臀肌，运用“两半屁股夹住一枚硬币”的提示找到感觉。

调动全身的肌肉。对于腰部，收缩腰部周围的肌肉——包括腹内斜肌、腹外斜肌以及肋骨周围的肌肉——记住要让这些肌肉处于平直状态。如果你的动作正确，你的下肋将会内收，你的腹部会保持平直而不是被吸进去。这样做的目的就是要把你的肋骨以下直到骨盆的所有躯干肌肉啮合在一起。你要浅呼吸，因为你的呼吸肌肉也处于收缩状态，不要屏住呼吸。

到目前为止，已经讲解的这些指导同样适用于俯卧撑和深蹲。下面的指导则只适用于俯卧撑。

收缩胸肌和背阔肌，这样它们才能把你的肩膀向下拉，使肩膀远离你的耳朵。艾扬格（B. K. S. Iyengar）先生是一名瑜伽大师，他说：“斜方肌属于后背，而不是颈部。”那么，请进一步收缩腋窝周围的肌肉，这样它们就能把肩膀拉进躯干里了。

伸直手臂并将其拉进肩膀的关节窝中，让它们缩进去。

如果你能弄明白该如何做，那就由内向外“把你的手臂拧进肩膀的关节窝中”，右臂顺时针扭转，左臂逆时针扭转。让肱二头肌和肱三头肌向着三角肌收缩。这跟你在收缩大腿肌肉时用过的方法一样。

接下来是前臂。向着肘部“收缩”所有的前臂肌肉，就好像你准备把前臂的骨骼拉进肘部那样。

在俯卧撑中，你要特别专注于啮合处于拉伸状态的胸肌和肱二头肌

啮合！你已经掌握了一种高度凝练且功能强大的技巧。如果你还没有掌握——请坚持练习。

这几种有用的技巧似乎都令人厌烦，但都是训练肌肉力量的技巧，也是提升力量的唯一捷径。

在熟练掌握了啮合的技巧之后，你可以尝试从完全静止的状态起始动作，训练啮合你的肌肉。

要啮合处于拉伸状态的肌肉是比较困难的。但是，如果这种技巧很容易掌握，那么每个人都已经这么做了。

在俯卧撑中要特别专注于啮合处于拉伸状态的胸肌和肱二头肌，然后推起自己。你会像一根弹簧一样弹起来。

不仅要在从完全静止状态起始的训练中逐步锻炼啮合的技巧，在锁定姿势中同样应该坚持锻炼。

要啮合处于拉伸状态的肌肉是比较困难的。但是，如果这种技巧很容易掌握，那么每个人都已经这么做了

为力量“上发条”

打一套空手道拳法，并观察每一次连续出拳时你的身体是如何蓄力的。“能量（加压的）来自被压缩的肌肉，而且这种能量能够被再次利用，从而转变为另一种技能的开端，这与一个被压缩的弹簧或海绵球的运动方式非常相似。”莱斯特·因格贝尔博士在他的优秀著作——《空手道的运动学和动力学》（*Karate Kinematics and Dynamics*）一书中这样写道。

力量训练没有本质的不同。一旦你啮合了肌肉，很明显，你已经存储了大量的弹性势能。你会发现一件很有意思的事情：即使没有反弹，你也能再次利用这种能量。以下就是方法介绍。

在这里，你不是受到重力作用下落，而是在保持身体预先绷紧和肌肉收紧的状态下主动地把自己向下拉。在俯卧撑中，你是通过背阔肌和其他背部肌肉拉紧身体，并且在身体下降时不要忘记由内向外扭转手臂。在深蹲中，你是借助髋部屈肌——也就是位于大腿顶部的肌肉——拉起身体的。髋部屈肌的作用就是折叠你的身体。肌肉处于啮合状态的感觉应该就像橡皮筋被拉伸那样。

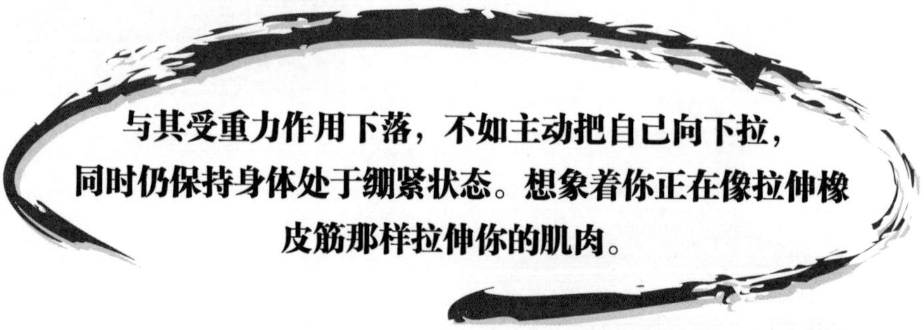

美国武装部队力量举冠军杰克·里普（Jack Reape）在龙门论坛上推荐了一种极棒的训练方法，用来教你如何把自己拉进深蹲位置中，这种方法被称为“反向深蹲”。“在你的颈后抓住一根可以下拉的绳索，然后下蹲并弯曲身体。这有助于锻炼你的腹肌，对身体的稳定肌也大有裨益。”它的效果与抓着挂在单杠上的一根弹力绳完成的辅助单腿深蹲类似。

要想在俯卧撑练习中主动放低身体，可以试试毛巾划船，或者称为“反向俯卧撑式”引体向上。躺在一根固定的单杠下，背部贴地。然后双手正握单杠，间距与肩同宽。保持身体绷直并把胸部拉向单杠，同时保持双脚贴地。强迫你的胸部挺起，并以一种划船的动作把胸肌拉向单杠。注意体会这种感觉，并在你练习俯卧撑放低身体的时候，试着重现同样的拉力感。注意拉伸你的胸肌，它能帮助你产生巨大的反弹。

“内行的武术家一直以来都明白如何通过有意地、如同螺旋弹簧那样扭转他们的身体来‘蓄力’，”RKC导师约翰·杜·凯恩（John Du Cane）在他创办的在线杂志《气功的秘密》（*Qigong Secrets*）中如此解释道，“你不仅可以用这种充满螺旋动力的姿势坚持很长时间，也可以将其作为一种准备姿势来使用，或者将其转变为爆发性动作。铁布衫气功就使用了这种技巧，这与《罗汉十八手》（*The 18 Buddha Hands*）以及《五禽戏》（*The Five Animal Frolics*）中的招式一样。”

力量训练的秘诀其实很早就存在了。

第二章

力量呼吸：武术大师拥有超级力量的秘密

WARNING!

警告！加压式呼吸对患有高血压、心脏病或存在其他健康问题的人是有一定危险性的！如果没有事先咨询医生，请不要开始练习。

“是加压，而不是呼气”

力量呼吸是什么，你需要了解的最重要的一点是：它并不是真正的呼吸，而是肺部与大气之间的气体交换行为对增强力量产生的重大影响。我们称之为加压或腹内压力（Intraabdominal Pressure，简写为IAP）。力量呼吸的吸气、呼气或屏息，完全是伴随着加压而发生的。

如果你想要通过提高腹内压来增强力量，你该怎么办呢？屏住呼吸！当一个人在使劲儿的时候，这是最自然的事情。但是，如果你的健身教练缺乏医学和科学常识，他可能会警告你，这样做是危险的。你要怎么办呢？

维尔霍山斯基教授和西夫博士认为：“许多医学人士和力量训练的权威人士表示，在进行举重训练时，永远不应该屏住呼吸。这种善意但错误的建议可能会导致严重的伤害……屏住呼吸，或称为瓦氏呼吸（Valsalva Maneuver）可以增加腹内压，从而更好地支撑下脊柱。在没有屏住呼吸的情况下，腰椎的脆弱结构，特别是椎间盘和韧带会受到更大的压力。当然，长时间屏住呼吸（超过几秒钟）会导致血压急剧升高，且呼气后血压会突然下降，因此这种技巧绝对不适合所有人，尤其是老年人和心血管疾病患者。”

武术界对力量呼吸的认识也莫衷一是，这就是在许多学校里，学生们本能够在数月甚至数周内掌握的理念却需要花费数年甚至数十年才能掌握的原因。一个值得注意的例外就是太极宗师威廉·陈至诚（William C. C. Chen），关于力量呼吸他有一些既深刻又通俗易懂的理解——

“如果你在出拳的同时呼气，那你相当于没有出拳，因为你失去了内在的能量……没有哪个职业格斗家会在出拳的同时呼气，因为这样做他们会失去力量，没有加压就没有能量……加压发出的声音并不是在呼气；呼气是不同的。拳击手出拳时，你能听到他们发出‘嗖’‘嗖’‘嗖’的声音。但那不是在呼气，而是在加压。呼气和加压之间的区别就是：在加压时，你关闭了空气阀，气流会变得非常小……当你呼气时，你正在打开空气阀并让你肺部的空气流走。”

不要把上述的内容误解为一种警告，在发力时你绝对不能让你体内的空气流失！一些空气会冲破封闭的声门流走，就像空气从高压锅里穿过安全阀时那样，而且这就是你想让它做的事情。但是这种呼气——更确切地说，应该是一次非常小规模的冲击波或称为空气泄漏——属于加压产生的副作用，并不是你的本意！不同流派的武术家们能发出各种奇怪的声音，包括“嗨——”“呜哇——”“哔——”“咖——”“嚯嚯——”等。你应该谨记，发出声音并不是我们追求的目标，无须刻意尝试就能发出这些声音才是正确加压的一种标志。

把你的声门想象成一个装在通气软管上的喷嘴。当你的声门放松时，空气可以自由地流出，这种被动呼气就好比松了一口气。但是，当声门关闭时，情况就完全不同了，就好像你用拇指把通气软管的出口给塞住了。突然，极少量的空气逃逸了，并产生了尖锐的声音，同时通气软管里的压力也出现了泄漏。

对于前者，声门或喷嘴打开，空气可以自由流出，这是陈至诚宗师所说的呼气。对于后者，声门关闭了，那就是加压。你听明白了吗？

最起码你应该明白：呼吸方式并没有加压或者腹内压力那么重要。俄罗斯的一项研究对测试者在吸气、屏息和呼气这三个不同的呼吸阶段的力量进行了比较。研究结果给了西方健身房一直以来坚持的信条一记具有里程碑意义的响亮耳光：呼气的那一组得分最低，“吸气组”做得较好，而“屏息组”得分超过其他两个组。

以上内容并不意味着屏息是唯一可行的方法；一旦你理解了力量呼吸的意义，那么有多种方式来实现最大限度的加压。关键在于，你不要专注于空气从哪儿流出或者如何防止其流出，而要专注于加压。

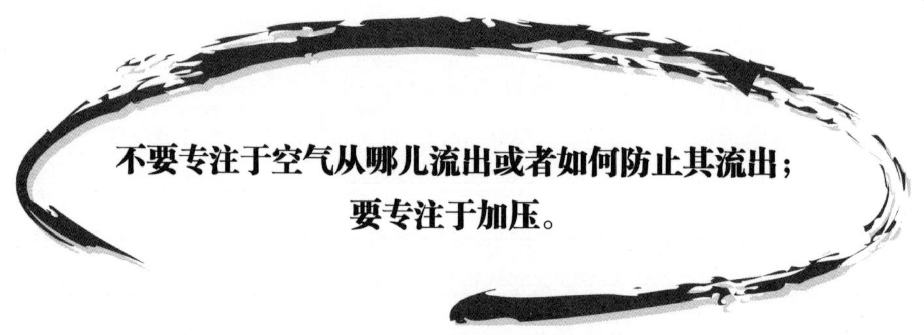

不要专注于空气从哪儿流出或者如何防止其流出；
要专注于加压。

李小龙称之为“呼吸的力量”

肺是空气的容器，而空气是力量之王。任何人谈论力量，必须懂得空气。

——瑞明（Jui Meng），一个少林和尚，1692年

李小龙常说，武术更多依靠“呼吸的力量”而不是“身体的力量”。确实如此，

启动呼吸的力量将会提高身体的力量。奇怪的是，呼吸模式和腹内压力增强力量的作用被大多数西方力量训练专家忽视了。但这并不会妨碍加压式呼吸或者称为力量呼吸作为现存的提升肌肉力量最强大的方法之一的事实！

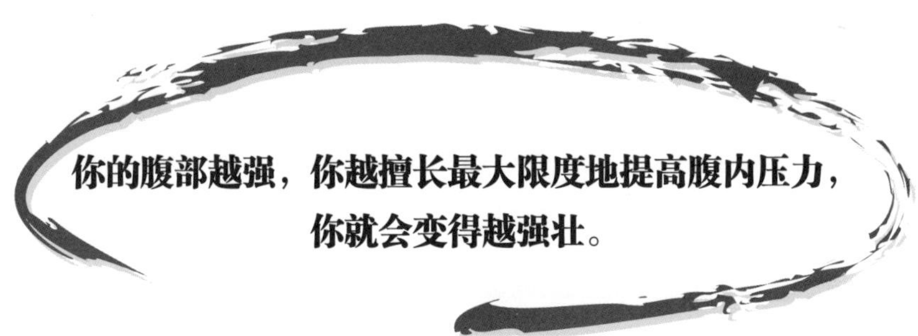

你的腹部越强，你越擅长最大限度地提高腹内压力，你就会变得越强壮。

把你的大脑想象成一个影碟播放器。把你的肌肉想象成一组扬声器。然后，你认为信号放大器在哪里？答案是：在你的肚子里。那里存在特殊的感受器可以监测腹内压力，并作为“音量控制旋钮”发挥作用。当腹内压力触底时，你的全身肌肉的绷紧程度会同步降低。

另一方面，当腹内压力上升时，神经系统会变得更加兴奋，而且肌肉中用来传输大脑指令的神经细胞会变成“超导体”。因此，通过上调腹内压力的“音量”旋钮，你的力量会自动得到明显加强——这一点体现在你身体上的每一块肌肉中以及你的任何训练中！

美国医生通常都不会赞成在用力时屏住呼吸。因为腹内压力升高会对你的健康和生命造成威胁！

如果你有心脏病、高血压、疝气或者其他健康问题，你必须专门咨询医生关于呼吸的建议。如果你足够健康能够应付得来，那么力量呼吸将会是提高你的力量的最好的方法，也是你曾经学过的最好的方法。

为了确保我们能够明白定义，这里有必要解释一下。力量呼吸是一种呼吸方式，能够最大限度地提高腹内压力以增强你的力量。

力量吸气

注意这里的关键词是腹内，而不是胸内。你从头部或胸部的压力中得不到任何好处。所以，请把压力向下送入你的腹部！

膨胀的背阔肌会导致腹部能量的丧失

腹式呼吸是大多数西方男性长期以来缺乏理解的一种技巧，尤其是那些追求华而不实的膨胀的背阔肌并失去腹部能量的人。

你必须超越自己。你要收紧肩膀，并把你的呼吸和能量向下传递到腹部。但是，这并不意味着你要耷拉和佝偻着身体。请保持你的脖子抬高、你的脊柱挺直。

接下来放低肩膀。这个训练会帮助你站直身体，保持手臂自然悬挂在身体两侧，并在不弯腰的情况下，使你的指尖尽可能地向下触及更低的位置。绷紧腋窝周围的肌肉以把肩膀向下推，使其远离你的耳朵。放松。现在你的肩膀应该放得足够低了。

现在，想象着你的头被绑在一根绳子上，而绳子正把你的头向上拉。“……向上伸展你的脖颈，而不是向前。”大山倍达这样强调。当然，也不要耸肩。

下面是另一个训练：脱掉你的鞋子，背部朝下躺在地上。

把一只鞋子放在你的腹部，另一只放在你的胸部。（一个杠铃片、一个壶铃，或你的伙伴坐在上面都是可行的选项。）通过你的鼻子练习腹式呼吸，直到只有放在腹部的鞋子在上下运动为止（放在胸部的鞋子没有运动）。记住这种感觉。

什么是腹式呼吸？从技术上讲，你不会把空气吸进你的腹部，因为你的肺部处在更高的位置。但你可以通过调动不同的肌群来实现肺部的扩张。

你可以通过耸肩动作辅助吸气，但这并不是个好方法。你也可以通过扩张你的胸廓来吸气，这个方法要好一些，但仍然不值得称道。然后就是，你可以通过扩张腹部的方式来吸气。

现在要注意了。我将向你介绍一种肌肉，它对获得超级力量是至关重要的。然而，在健身杂志中，甚至是力量训练的书籍中，它从未被提及。可能是因为它没有露在外面，你无法用它来打动姑娘吧。

这种神秘的肌肉就是横膈膜。这种像撑开的伞一样的玩意儿把你的肺与你的肠子（腹腔）隔离开来。当你的横膈膜收缩时，它的位置会下移，并随之发生两件事。首先，你的肺部被向下拉，这样就制造出了肺内的低气压。新鲜空气因此被吸进去了。其次，你的内脏器官会被向下推并出现移位（除非你绷紧腹肌）。你的腹部扩张了。因此，腹式呼吸是真正意义上的横膈膜式呼吸。

腹式呼吸是极棒的，原因很多：有益健康、能减轻压力、有助于培养气，等等。但这些都与我们关注的特定方向无关：再次强调，本书关注的是力量。接下来我们要具体讲解与力量有关的方面，即为什么横膈膜式呼吸对力量来说是至关重要的。

回想一下，你的腹腔内有特殊的感受器来测量你的腹内压力。当这种压力上升时，你的力量也会提高。

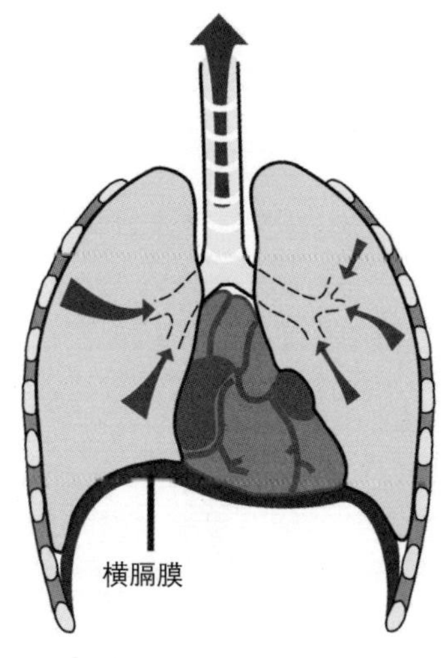

横膈膜处于放松状态：空气离开肺部，器官随着腹腔扩张而位置上移

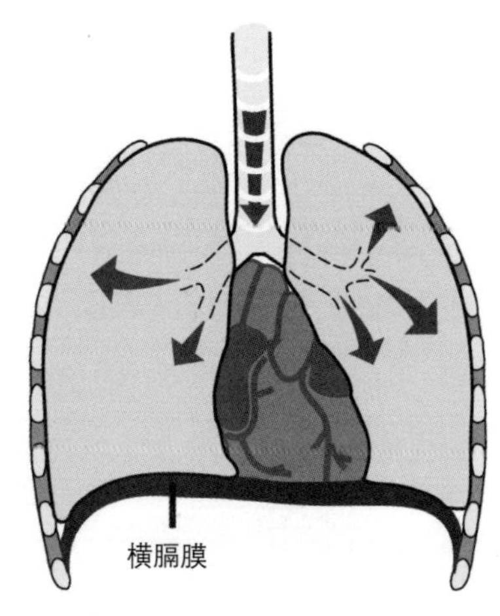

横膈膜处于收缩状态：空气进入肺部，器官随着腹腔回缩而被挤压下移

你的横膈膜向下施加的压力是提升腹内压力的关键。回想一下，当你“吸气进入腹部”时，圆顶状的肌肉收缩下移并压缩你的内脏。而吸气进入胸部时，横膈膜会上移挤压你的胸腔从而导致你的腹内压力变弱，这只能提升你的血压而不是你的力量。所以，吸气进入你的腹部，朋友！

要通过你的鼻子完成吸气。养成用鼻子呼吸的习惯很有必要，因为通过较小的孔吸气才会有利于更强力的横膈膜运动以及更有力地给内脏加压。

用嘴吸气会在体内产生一种空洞的、软弱的感觉，你需要留意这种感觉。现在试着用你的鼻子吸入空气。为了对此有深刻的理解，你可以将鼻子捏住，使其成半封闭的状态，然后试着再次吸气。你不难体会到一次更强力的横膈膜运动，还有一种舒服的、强力挤压内脏的感觉。

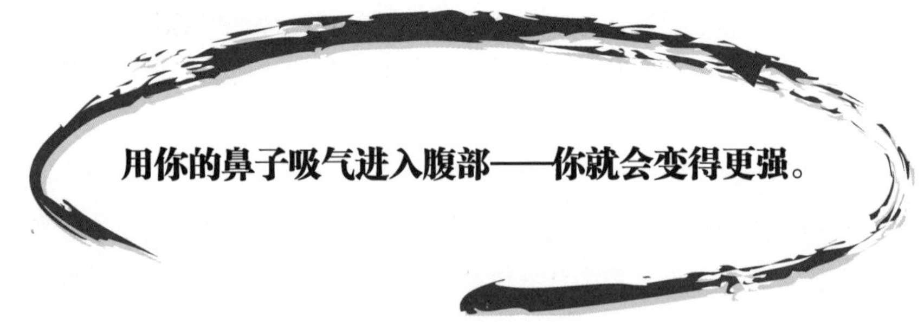

逆向力量呼吸：由铁布衫技巧演变而来

实现加压式呼吸的方法有很多种。我的一个训练力量举的朋友在他举重时就伴随着一整套声音：充气声或嘶嘶声，机械声或嗡嗡声，以及“兽吼”或者咆哮声和呼噜声。他训练硬拉时喜欢发出呼噜声，训练卧推时喜欢发出嗡嗡声，训练弯举时通常会发出嘶嘶声。

听上去好像很复杂，但其实不是。只要你的腹腔被加压了——你就是正在进行力量呼吸。你要如何发出声音完全取决于你，甚至在一次呼气中根本不需要发出声音。

在我的其他力量书籍中，我已经解释了发出嘶嘶声的力量呼吸与“虚拟的力量呼吸”，即假装发出嘶嘶声但并没有让空气流出来这二者的差别。在本书中，我会教给你一种不同的加压技巧，即逆向力量呼吸。这是从传统武术中的逆向呼吸演变而来的。

作为一名教练，在我的经验中，这是教会某个人学会加压的最快的方法。为什么？因为它类似于一种你每天都在使用的身体功能：排便。请原谅这种令人恶心的比喻，但是当你能够把一种旧有技巧移植到一种新技术中时，你会学得更快。

首先，紧闭肛门。每当你用力使你的腹内压力升高时，你要提前收缩你的括约肌并保持你的盆膈向上提。紧闭肛门在许多武术中是标准的训练步骤。这种奇特的技巧因为健康和训练的原因而显得至关重要。

其次，在保持紧闭肛门的同时，假装你正在努力排便，但你脸上的表情要不动声色。第一次尝试时不要太过用力，只是观察身体的反应就好。你将会感觉到你的内脏受到了挤压，当你的横膈膜稳定住你的躯干时，在你的腰部会产生一种非常强力、非常稳定的感觉。你的腹部会有轻微的扩张，你的腹外斜肌也会感受到张力。

很明显，如果你有疝气，那你不应该练习逆向力量呼吸。

除非你是在医生的指导下练习，否则不要压迫身体一侧的突出物。逆向力量呼吸有助于提高你的力量，而且理由很多。但是，训练时不要让你的腹部膨胀起来，而是要形成一个平坦的表面。回想一下，腹部扩张的发生是由于横膈膜的主动运动导致你的内脏出现移位。内脏必须移到某处，所以它们想铺展开并阻挡你的视线让你看不到脚趾。而你的腹肌会阻止它们。

努力绷紧腹直肌和腹斜肌也可以提高腹腔和胸腔的内压，从而强化任何运动。身体内压和力量之间存在正相关，这就是所谓的呼吸肌反射。具体机制尚不清楚，但这种内压可以增强肌肉的兴奋性。用通俗的话来说，它可以增强你的力量。武术大师早就了解这种现象，并找到了利用它增强力量的诀窍，即在击打的同时发出强有力的呼喝声。这样做可以通过呼吸肌和腹肌的强有力收缩迫使空气迅速排出，从而在力量爆发的瞬间促使腹腔和胸腔的内压达到峰值，并在几分之一秒内显著增强肌肉力量的输出。这也给我们解答了一个长久以来的疑惑，为什么重量级拳击手直到现在还没有打破一位体重只有130磅（59.0千克）的日本空手道大师在测力机上创造的击打力量纪录。

我们的问题可能在于，空手道出拳持续的时间很短，卧推的发力过程要比之长得多。随着内压的降低（漏气），你的力量水平也会快速下降，这对格斗类运动影响尤为明显。我在与哈雷·戴维森（Harley Davidson）切磋摔跤时想起了这件事。“不要让我听到你的呼吸声。”这位长发运动员警告道。为了证明他的观点，这位资深的运动员瞬间就压住了我的手臂——就在我将将结束呼气的时候。所以，除非你把呼吸和发力训练到了完美同步的程度，否则你也会像我被钉在摔跤台上一样，被对手抓住破绽。

言归正传，现在请站起来，预先绷紧你的腹肌。把压力向低处传送，送到非常低的位置并用力下压。“不是‘送到’上腹部，”大山倍达强调，“要迫使压力进入腹股沟。强迫空气下降、再下降……如果你是站姿，就强迫它进入你的脚；如果你是坐姿，就强迫它进入你的臀部，最终让它钻入地面。”

请把你的手放在腹部以确保其保持平坦。绷紧你的腹肌，就好像你要出拳一样。在收缩腹肌的同时保持腹部平坦，不要把努力收缩腹肌误解为突出腹部！如果你的六块腹肌训练得很好，那腹部确实会稍微突出来一些。你的腹肌看上去会微微隆起，就像几块收缩的肱二头肌挤在一起那样。

请锁定你的括约肌。据说，已故的空手道刚柔流大师山口（Yamaguchi）曾经因为得了严重的痔疮而无法在他的三正拳训练中动态地绷紧腹部和紧闭肛门，导致训练一度中止。力量举重界也有其自身的恐怖故事。

锁定括约肌并用力下压。让你的下腹部“压”满能量。随着你的横膈膜努力向下压，试图把你的内脏挤出去，你的腹肌和相应的肌肉应该像一条“虚拟腰带”一样容纳它们。去做几次压背卷腹来重温把腹肌沿一条直线收缩的技巧。

这种少林武僧式的训练不仅能够增强你的腹肌，还能增强横膈膜以及其他参与形成高腹内压的肌肉。它还会教给你如何使用这些肌肉来控制和保持升高的腹内压，并在举起重物时不会让你的内脏下垂。这项练习非常有用，可以最大限度地减少背部受伤和出现疝气的概率。

自然地，你的整体力量也会通过呼吸肌反射得到增强。日本空手道大师大山倍达以徒手与公牛搏斗和徒手砍下公牛的角而闻名，他经常通过这种训练来增强自己的力量。如果你非常喜欢锻炼腹肌，可以在我的其他作品中找到许多独特的核心区练习，它们来自全接触空手道、老派大力士和东欧的X档案实验室。

弗拉基米尔·扎齐奥尔斯基（Vladimir Zatsiorsky）教授建议，将直肠括约肌收缩作为腹肌训练的一部分，这不仅可以增加腹内压，增强力量，还可以预防痔疮。缺乏正确举重经验的人在紧张时往往会放松肠道。这样的举重方式没有任何技术优势，还可能导致痔疮。值得一提的是，一直以来，中国的武术大师们就坚持在其武术训练体系中使用提肛这样的练习。

总结：在你的横膈膜用力向下压或向下推的时候，你要上提你的盆膈。通过绷紧腹部来容纳来自内部的压力。

试一试吧，将逆向力量呼吸的技巧运用到握手中。你的训练伙伴将不会喜欢你！

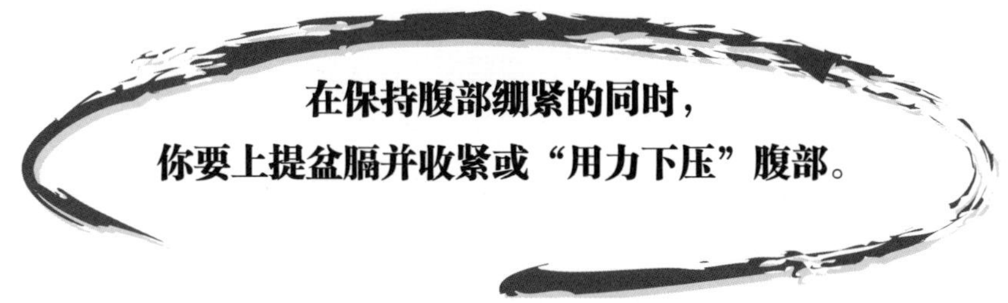

你注意到在练习加压技巧时你是如何呼吸的吗？也许没注意到吧。我们再试一次。会出现什么情况？你呼气时有呼噜声吗？还是说你只能进行浅呼吸或者屏住呼吸？抑或是在发力时才能吸气？哪一个是正确的呢？答案是，以上这些都对。请记住威廉·陈至诚的智慧：要紧的不是呼吸，而是加压。关照好后者，那么前者自会水到渠成。

但无论你如何呼吸，请记住两条规则。首先，如果你选择屏住呼吸，那么屏息时间不要超过几秒钟。在长时间发力保持身体绷紧的时候，你可以进行浅呼吸，比如在静力训练或者动态静力式训练中可以这么做。

其次，肺内不要吸入太多或太少的空气。正如俄罗斯武术力量与体能专家V.N. 波片科（V.N. Popenko）所说：“肺里的空气不能太多也不能太少。”空气太多会阻碍腹部肌肉最大限度地绷紧，而没有足够的空气也很糟糕。“当你把肺内的空气彻底排出时，身体就会出现一个薄弱点。”空手道大师上地宽文（Kanbun Uechi）警告说。

东方武术大师一般认为：当你把肺内的空气排出一半的时候，就是你处于最强状态的时候。苏联的研究则发现：对力量的发挥而言，保留75%的空气是理想的状态。你不必纠结于确切的百分比。只要记住，不要一直呼气或吸气。

“气”的气体力学，从核心区启动

俄罗斯军队徒手格斗教官强调的打造力量的两个重要原则是：“累加”和“变化”。这两者都涉及从身体的核心区起始发力，然后通过沿身体的动态传输路径将其传递到发力的四肢上，这个过程中还加入了传输路径中每一块肌肉的力量。

“如果这个动力传输路径上的任何一块肌肉未能发挥应有的作用，那就会出现一个‘力量泄漏点’。”这是RKC导师斯蒂夫·巴卡尔的话，他也是视频《出拳背后的力量》（*The Power Behind the Punch*）的合作制作者。当这种情况发生时，你的力量会付诸东流。这种在拳击场上出拳的原理同样适用于完成单臂俯卧撑。

每当你努力发力时，你都要从绷紧下腹部开始，把绷紧肌肉产生的力向外传送，由近及远地逐渐接近身体边缘的肌肉，并在这个过程中使传输的力逐级递增。

想象一下，你是如何调整逆向呼吸并将其积累的压力通过躯干传送到四肢的，这个过程就好像是被气体动力或液压推动一样。

把你的腿或手臂想象成一个细长的气球——就是在小丑表演中打成结用来制作各种动物造型的那种。当你处在单腿深蹲或单臂俯卧撑动作的最低点时，“气球”是弯曲的。你“用力一吹”，它自然就会伸直了。

当你练习单臂俯卧撑的时候，把能量沿着腹内斜肌、腹外斜肌和肋骨送入你的腋窝，然后再沿着你的手臂传递到你的双手。

正如中山正敏所说：“臀部的巨大力量会被凝聚，然后像连环套索一样，沿着你的胸部、肩膀、上臂和前臂把力量传送出去，直至到达准备出拳的拳头表面”。

确保在你完成单腿深蹲时，你的腿能够完成足够的动作幅度，使其能够与你的髋关节重叠；确保在你完成单臂俯卧撑时，你的手臂能够完成足够的动作幅度，使其能够与你的肩关节重叠。你不需要单独地把膝关节或肘部伸展到过于远离身体的位置，因为大多数的力量产生于靠近身体核心区的部位：在单腿深蹲中，力量产生于臀肌；在俯卧撑中，力量产生于背阔肌和胸肌。

把你的手臂和双腿想象成起始于你的下腹部的气球。当你处于单腿深蹲或单臂俯卧撑动作的最低点时，“气球”上存在两个结点：分别位于臀部和膝关节，以及肩膀和肘关节。通过调整逆向呼吸来引导你的腹部压缩产生的“气”或能量，并将其压入“气球”中。那么，“气球”将会在压力下伸直。

通过调整逆向呼吸来引导你的腹部压缩产生的“气”或能量，并将其压入“气球”中。那么，“气球”将会在压力下伸直

当你练习单腿深蹲的时候，你要引导压缩的能量沿着你的臀部和腿一路向下延伸，并最终进入地面。这里是你形成静力重踏的地方

无论是在健身房还是在吊环上，我从未高估正确的呼吸方法在力量生成过程中的重要性。有时，你可能会觉得这个过程是一次令人沮丧的学习体验。但是，一旦你掌握了它，你会对获得超级力量拥有一种极棒的感悟。

“如果无法掌控呼吸的控制方法，那么除了一些可爱的把戏，你在空手道训练中不可能取得任何建树。”空手道大师大山倍达是这样说的。所有的力量训练都遵循这个原则，无一例外。

力量呼吸要点总结

总结一下力量训练中有效呼吸的要点。

1. 向你的医生澄清我的建议。

2. 在肌肉负载之前，吸入最大肺活量75%~100%的空气。

3. 在完成动作的过程中屏住呼吸（关闭声门）。在每次重复接近尾声时呼气，或紧随每次重复的结束呼气。每次重复对应一个呼吸周期。

针对上述要点，这里还需要做一些补充说明。对于在动作底部可以安全放松和暂停的练习（例如仰卧起坐或弯举），你可以在反向动作之前再次呼气和吸气。也就是把每次重复分成两段，每段对应一个呼吸周期，而不是每次重复对应一个呼吸周期。

4. 呼气时不要排出所有空气，否则呼气后核心区会失去紧密性和对脊柱的支撑。

5. 保持核心区（腰腹）的肌肉坚如磐石，同时不要让肚子鼓起来。

6. 始终闭紧肛门（收缩直肠括约肌）。

此外，在两次重复之间可以随意呼吸几次，但不要过度换气。

关于呼吸和举重训练的安全，最后一句话：无论你是否听从我的建议，我都不能保证你一定不会受伤或死亡。请记住，那些从来没有举起过任何可以称为“重物”的人会因为咳嗽而患上疝气，也可能会在上厕所时死于中风。正如一个智者所说的那样，对做事的恐惧并不能阻止你死去，它只能阻止你活着。

第三章 训练原则

不要力竭

在谈到锻炼肌肉和力量时，健身房的智慧会很快总结如下：当所有的重复次数都完成时，尝试再做一次重复；在所有重量都被举起后，增加5磅（2.3千克）重量再次试举。听起来很可爱，很有男子气概，但也只是听起来而已。

从尤金·山道（Eugene Sandow）到尤里·弗拉索夫（Yuri Vlasov），世界上最强壮的人几乎从不会训练至力竭！你甚至不必脱下鞋子，露出脚趾来计算所谓例外的情况，你的手指足够了。别再说什么“要么做，要么死”之类的话了，好好审视一下自己，告诉我你成为另一个例外的概率有多高？如果“训练到力竭和增加块头”这么有效，为什么那么多的力量型运动员需要保持休重？

老派举重运动员很少训练到极限或力竭状态。正如伊尔勒·李德曼在其经典著作《力量的秘密》中所说的，一个强壮的人“除非绝对必要，否则永远不会竭尽全力地训练。偶尔他会放松，以准备对抗一个特别强大的竞争对手，或者试试看他是否能提高自己的纪录”。如今的顶级力量训练者同样遵循这些久经考验的训练策略。埃迪·科恩（Ed Coan）每天以875磅（396.9千克）的重量、3次重复的方式训练深蹲，尽管他知道，自己的训练量完全可以达到这个数字的5倍，但他从来不会这样做。对于创造了近80项世界纪录的科恩来说，大重量但不会力竭的训练无疑是正确的。

想了解一个男人是如何在不进行极限训练的情况下深蹲1000磅（453.6千克）的，你必须了解“强度”的概念。人们普遍认为，强度是力量训练中最重要的一个因素。诺德士公司的训练大师亚瑟·琼斯（Arthur Jones）用“短时能力的百分比”来定义训练强度，即你所做的与你能做的相比。例如，如果100 × 10的弯举训练是你的极限，那么你只完成了100 × 5的训练，你的训练强度就只有50%。

根据这种说法，使用的重量是次要的，你必须训练至力竭才能变得更强壮。否则，你就是在浪费时间。根据这样的定义，弗拉索夫和科恩的方法不可能奏效。

现在是21世纪了，无论是世界级的运动员还是家庭训练者都不应该继续容忍不科学的训练方法！力量训练强度的唯一科学定义是1 RM（单次能够举起的最大重量）的百分比。在科恩的例子中，他的875 × 3的深蹲训练的强度为87.5%，因为他深蹲的单次最大重量是1000磅（453.6千克）。如果这位举重冠军脑袋被驴踢了，尝试了诺德士的训练方式，他的深蹲训练量应为660 × 12 RM。“RM”是“rep max”的缩写，即一个人在给定重复次数的训练中所能持续举起的最大重量。这样一来，科恩的训练强度只有66%，无论他承受了多少痛苦，也不管他是否训练至力竭，训练强度都只有这么高。

成功催生成功，失败衍生失败。

——深蹲大师弗雷德·哈特菲尔德（Fred Hatfield）

俄罗斯人对训练强度的定义反映了举重游戏冷酷的现实。众多的研究都清楚地表明，相比力竭或高重复次数，肌肉张力或重量才是解开力量谜题的关键！换言之，如果你想变得更强壮，就必须突破现有的训练重量或肌肉张力的极限，而不是增加重复次数训练至力竭。这才是力量训练的准则。新英格兰力量举运动员柯克·卡沃斯基（Kirk Karwoski）听从了科恩的建议，在距离力竭还有一次重复的时候结束其深蹲训练。结果，他取得了1003磅（455.0千克）的深蹲成绩和显著的增肌效果。

即使你无意创造举重纪录，使用最有效的力量训练方法也是有意义的，毕竟，它比“力竭式的训练”少了很多痛苦。

训练肌肉至力竭是完全没有必要的，而且还会适得其反！半个世纪以来，神经科学家已经非常清楚，如果刺激神经通路，比如与卧推相关的神经通路，那么由于赫布（Hebbian）定律的存在，未来的卧推会变得更加容易。结果是积极的，通路已经得到了“润滑”，下一次同样程度的神经刺激可以帮助训练者推起更大的重量。这才是成功的训练！

反之亦然。如果你的身体不能执行大脑的命令，神经通路“堵塞”，你像往常一样用力卧推，但肌肉的收缩程度会比以前更低！套用力量举冠军特里·托德（Terry Todd）博士的话，训练到力竭就意味着训练失败。力量只与正确的训练方式共存。

增强力量最明智的方法是举起更大的重量，并在肌肉力竭之前终止训练组。用你本可以完成5次重复的重量做3次训练比全力做10次重复更安全、更有效。

不要因为重复次数和力竭消耗力量

亚瑟·萨克森认为，“低强度运动只会让人疲劳，不会让人变得更加强壮”。鲍勃·霍夫曼（Bob Hoffman）的《老派大力士》（*The Strong Men of Old*）一书中描述了一位著名举重运动员的训练方法：“……他的每一种特技都只训练几次，并在组间安排一定的休息时间，以防止身体疲劳。因此，他强壮有力的体格赋予了他巨大的力量，这种力量带来的震撼是空前的。”

是的，疲劳和肌肉张力是相互排斥的！乳酸等代谢废物会阻碍肌肉进一步地强力收缩，心血管功能不足会迫使你提前终止训练组。组内重复次数过多或组数过多导致的精神疲劳使你无法产生所需的力量，大脑和肌肉之间的“神经通路”也会因为过度劳累而无法有效地执行大脑的指令。

苏联的顶级力量专家罗伯特·罗曼（Robert Roman）曾表示：“来自重复次数刺激的肌肉张力低于一次举起最大或近似最大重量时产生的肌肉张力，其性质也完全不同。”当时的俄罗斯举重运动员同样向世界展示了他们在举重领域的统治力。“此外，由于疲劳，最后一组的重复是在神经系统兴奋度降低的情况下进行的。这阻碍了进一步提高力量所需的复杂条件反射回路的形成。”

每个训练组的重复次数超过6次会阻碍力量的发展！另一位俄罗斯的顶尖体育科学家、前举重世界冠军阿尔卡季·沃罗比耶夫（Arkady Vorobyev）坚持认为，将组内重复次数限制在5次会更好。世界上许多最强壮、最有力的身体都是通过5次或更少的组内重复次数锤炼出来的。“在我刚开始训练举重时，”力量举名将迈克·布里奇斯（Mike Bridges）回忆道，“我的训练包含很多重复次数和组数，但我并没有因此取得显著的成功。而在我减少重复次数后，我的力量开始迅速增长。我相信你完全可以减少不必要的组内重复次数和训练组数，同时获得更快恢复的能力。最终，你会收获巨大。”

低重复次数

真实的举重训练

这是一本关于打造最大力量的书。无论是举杠铃还是对抗自己的体重，对训练者来说都没有本质的区别。只是对奥林匹克举重运动员以及力量举运动员这些纯粹追求力量的人来说，对方法的认可相比其他训练者更为重要。

那么，这些职业运动员是如何训练的呢？如果你不是这个领域的人，你很可能会把举重运动员和健美运动员归为一类，并认为他们遵循同样的方法——“要么练，要么死”、练到力竭的方法。

这样的认识与事实相差甚远。

举重训练的练习种类有限，主要是两种竞技举重项目和它们的变式。在经典的奥林匹克举重训练计划中，每次训练一般需要完成6～10组，每组1～3次重复。力量举训练的计划与之相似，但是组内重复次数提高到5次甚至6次，因为力量举的技术要求没有抓举和挺举那么高。力量举通常需要完成的组数更少，因为硬拉这样的练习比抓举更累人。

举重运动员几乎每天都要训练，并经常在一天里训练2次甚至3次。很多力量举运动员则依然保持每周训练一次，但是这种做法已经过时了。因为一个无法忽视的事实是：战无不胜的俄罗斯力量举国家队队员每周训练8次。

无一例外的是，这两种力量型运动员都不会训练到力竭。举重运动员每组练习不会超过3次重复，即使他们只用了一半的力气。力量举运动员的训练也是一样的。除非是在比赛中，否则他们都会在每次收杠时保留至少能够以同等强度继续完成1次或者2次重复的力气。

这两种力量型运动员都知道，保持同样的训练强度或训练量并不会带来力量的线性增长。因此，他们经常采用“前进两步，后退一步”的策略：先加紧推进（增加负重），然后允许自然回退（减少负重）。

举重运动员坚持不懈地训练更有力地绷紧肌肉的能力。打破卧推纪录的乔治·哈尔伯特把杠铃杆用得支离破碎。力量举世界冠军厄尼·弗朗茨经常一整天保持全身绷紧。深蹲世界纪录保持者贾德·比亚西奥托（Judd Biasiotto）博士在每次举起杠铃时，其肌肉的有序收缩都非常显眼。

假如你抛开了娱乐心态，抵制了各种不良方法的诱惑，那么无论你是用自身体重还是用杠铃进行力量训练，其方法都是简单而直接的。

选择几种能够锻炼全身的主要练习；完成多组，每组不超过5次重复——绝对不能训练到力竭的状态，并且组间要充分休息；要把注意力集中在运用技巧和绷紧肌肉上；要不断改变训练量和训练强度。

举重者如何训练?

- 完成少数几种大重量练习；
- 训练多组，每组不超过 5 次，不要训练到力竭且组间休息要充分；
- 要把注意力集中在运用技巧和绷紧肌肉上；
- 不断改变训练量和训练强度。

你即将学习把这些原则成功地运用到力量训练中的方法。

体操运动员的训练

不能盲目地增加次数。“……做无数的俯卧撑、仰卧起坐，也许为了变强，还需要做引体向上和屈臂撑。”克里斯托弗·萨默（Christopher Sommer）是来自美国亚利桑那州“菲尼克斯魔鬼沙漠”的体操教练，对此他说道：“这样训练可能对普通健身或增加耐力很有效，但对增加真正的力量来说收效甚微。”

每组练习超过6次重复就会阻碍力量的发展，阿尔卡季·沃罗比耶夫坚持这种观点。他是俄罗斯运动专家，也是曾经的举重世界冠军。罗伯特·罗曼也是一位顶尖的举重运动员，他对此的理解是：打造力量是通过绷紧肌肉或使用重量实现的，而

克里斯托弗·萨默曾经培养出了州际、区际和国际体操冠军

不是通过力竭式训练或者高重复次数训练实现的。他进一步解释说，完成更多重复次数产生的肌肉绷紧程度赶不上一次短暂的最高强度或接近最高强度的练习所产生的肌肉绷紧程度。所以，如果你期望通过完成100次普通的俯卧撑来增强卧推力量或者单臂俯卧撑的力量，那你已经误入歧途了。而且，绝不存在任何神奇的方法，能够一下子改变力量训练——无论是自身体重训练还是举重训练——的所有准则。

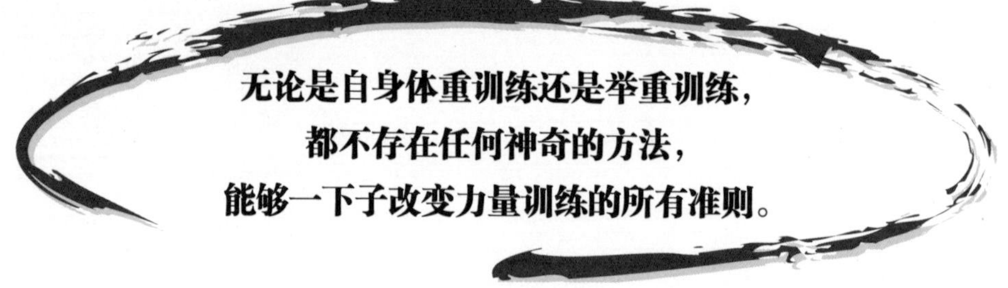

低重复次数的优势

很多人夸大了低重复次数、高强度训练的“危险性”，并习惯性地认为高重复次数训练才是“安全的替代方案”。

这是错误的。高强度、低重复次数的训练才是最安全的举重训练方式。我可没有说胡话，我至少可以给出三个理由，告诉你为什么最高5次重复的大重量举重训练比多次举起较轻重量要安全得多。

第一，在高重复次数（每组超过5次重复）的训练中，稳定肌会过早疲劳。以深蹲为例。尽管是腿在承担抬起负重的任务，但背部肌肉必须全程提供保障，以使脊柱稳定在正确的位置。而股四头肌、臀大肌和股二头肌则是像活塞一样处于收缩和放松的循环运动中，从而可以获得新鲜血液，帮助它们延缓疲劳。同时，正确的举重姿势要求下背部肌肉在训练过程中要始终保持锁定状态，以保持力量的有效传输，这样不可避免地，下背部肌肉会率先疲劳。一旦背部肌肉无法继续提供支持，你距离受伤就不远了！疲劳的下背部肌肉和其他稳定肌是不能在你最需要的时候帮助你的。

曾有一位坚持将15～50次的深蹲和硬拉训练作为“更安全”的训练方式的力量界的权威人士，他列出了一份触目惊心的伤病名单：膝盖半月板撕裂、多处胸肌撕裂、肩袖撕裂、手臂骨折……

虽然听起来有点反直觉，但正如美国顶级力量专家斯通（Stone）和奥布赖恩特（O’Bryant）博士喜欢指出的那样，“大多数严重受伤发生在……疲劳状态下，以及动作变形时，而不是在尝试举起最大重量时”。力量举运动员有句格言，“5次是上帝赋予力量举运动员的最大重复次数”。还可以换个角度审视这个问题。正如一些聪明人所说的，他们的组内重复次数不能超过5次，因为在应对怪兽般的大重量时，留给他们的容错范围非常小，他们被迫倾尽全力来努力提高安全性，因此造就了低重复次数的大重量训练反而更加安全的结果。约瑟夫·霍里根（Joseph Horrigan）医生曾在洛杉矶地区治疗过许多运动损伤，他观察到，训练到力竭的健美运动员要比力量举运动员遭受更多的胸肌撕裂损伤，尽管后者的卧推重量通常比前者大得多。

爱德华·阿斯顿（Edward Aston）是英国著名的中量级举重运动员，他的屈弓单臂推举超过300磅（136.1千克）。照片来自伊尔勒·李德曼

“低重复次数”到底需要多低？确切的数字会因人而异，但通常情况下，如果你的总重复次数保持在10次及以下，就没有任何问题。当然也有例外。一些天赋异禀的另类可以从多组5次重复的大重量训练中脱颖而出。如果你是其中之一，你就不用读这本书了。而对大多数人来说，两组5次重复的大重量训练是可以允许的极限。

如果你的组内重复次数不超过5次，相关肌肉就可以保持较好的同步性。当一组训练只需15～20秒就可以完成时，你可以专注于支撑重量，而不是其他无效的损耗。

第二，低重复次数、高强度的力量训练能够让训练者更易集中注意力。当你做一件需要重复5次而不是25次的事情时，把注意力集中在手头的事务上无疑会容易得多。此外，正如前面提到的，大重量更易引起重视，而小重量则不然。

第三，无须训练至力竭，大重量举重可以让你发展出惊人的力量。你必须正视这一点，设定一个你可以举起6次的重量，即6 RM的重量，然后在训练时只举起5次，比用10 RM的重量完成10次重复要安全得多！

低重复次数、大重量的训练还可以带来更好的生活质量。曾经有一位武术家在杂志上问我：“所有的练习我都会做3组，每次10～20次重复，训练结束后，我会感到肌肉非常酸痛，身心疲惫，以至于无心再去练习武术！”

这样的结果在预料之中。罗曼和其他科学家的研究早已充分表明，相比每组3～5次重复的训练，组内重复次数超过5次，尤其是10次时，训练者的肌肉更容易出现疼痛和系统性疲劳。

大重量的训练，不会造成训练过度，还会让你精力充沛，何乐而不为！低重复次数的大重量训练，比如，使用1 RM 90%的重量，安排3组、每组3次重复的训练，是俄罗斯教练经常用来帮助举重运动员强化神经通路的方式。这样你就可以理解，老派的大力士经常说的，经过一次体验良好的训练后，可以“随时准备战斗”是一种怎样的感觉！

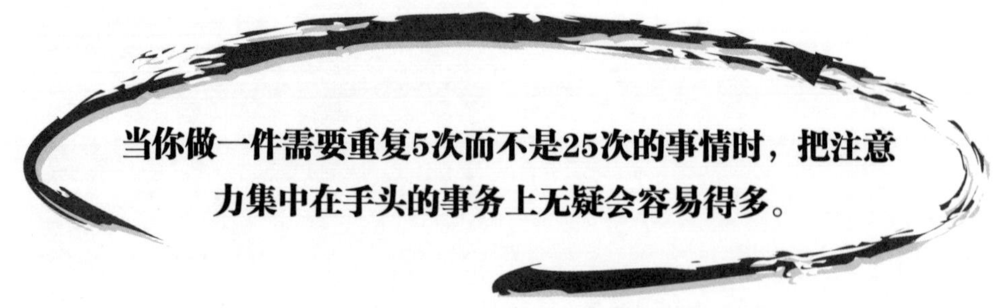

高重复次数训练为何无效

你尝试过高重复次数的力竭式训练，你选择相信“燃烧和泵感”，但收效甚微。你不可能坚持做着同样的事情，却期待产生不同的结果。

“燃烧”的感觉来自乳酸的积累，对强健肌肉毫无帮助。拿起一本《吉尼斯世界纪录大全》，看看“美国队长”的照片。他保持着连续仰卧起坐次数的世界纪录——大约25000次！这个家伙肯定比这个星球上的任何其他人都能更好地感觉到“燃烧”，但他甚至没有六块腹肌可以展示，即使他的体脂水平很低。

你在“燃烧”期间和之后感到疼痛的原因与尸体僵硬的原因相同。肌纤维就像老鼠陷阱，它们会自行“脱落”，需要补充能量并重置“系统”才能再次收缩。尸体因为缺乏ATP这种能量化合物，无法重置系统，僵硬的肌肉是永久性收缩的。高重复次数训练会耗尽肌肉中的ATP，并维持肌肉暂时性的硬度，这与尸体永久性的僵化变硬非常相似！这样的训练持续下去等同于自杀。

反孤立训练

力量训练专家肯·雷森勒博士观察到，通过孤立练习（例如腿部伸展或肱三头肌伸展）塑造的身体看起来就像是“不同身体部位的拼凑”。

即使你喜欢弗兰肯斯坦的造型，也应该避免单关节练习。它们效率低下，会对你的运动能力产生负面影响，使你更容易受伤。

多关节协同的运动可以形成一个动力链。这是身体力量的自然表现方式。当你试图把车推出水坑时，你不可能单独靠股四头肌发力，也不可能将运动范围限制在膝关节上。你的股四头肌、腘绳肌、臀大肌和小腿肌肉都会参与其中，涉及的关节也不止一个，踝关节、膝关节和髋关节都会参与进来。

多关节的复合练习可以促进神经系统发展协调能力，从而统一管理各个肌群。当你举起杠铃或移动冰箱时，这种肌肉间的协调性是决定你有多强壮的主要因素之一。

伊尔勒·李德曼在《肌肉塑造》（*Muscle Building*）一书中这样写道：“如果一块肌肉从未与其他肌肉协同训练，你怎么能指望它在实际劳作中可以与其他肌肉协调一致呢？”。

硬拉、推举和其他全身性复合练习涉及的肌肉间协调与你平常运动或日常劳作中肌肉间的协同非常相似。这就是为什么说复合练习获得的力量是“功能性的”。增加几磅硬拉的重量，由此获得的力量可以帮助你跑得更快，跳得更高，可以毫不费力地把水泥袋从汽车后备厢里取下。

相比之下，孤立训练获得的力量往往是无效的。曾经在俄亥俄州立大学进行的膝关节伸展力量测试中，包括一名世界纪录保持者在内的三名世界级深蹲运动员展现出了180磅（81.6千克）的力量，只能说中规中矩，而一名普通的力量举运动员直接弄坏了赛百斯训练机！孤立训练获得的力量是无法转化为有效力量的。

费伊教授总结道：“孤立练习，比如腿部伸展和腿弯举，会形成与日常运动模式相干扰的运动模式。这种练习会导致不适当的肌肉动员模式，继而损害训练者的运动能力并导致受伤。”

因此，孤立的肌肉训练是不可行的，无论你使用的负重多么有效。那么，为什么还要费心劳力地去尝试呢？

大重量或高张力

那么，什么是“真正的”肌肉力量？要如何获得它？像孩子们炫耀时那样收缩肱二头肌。哇，小球在皮肤下荡漾！如果只能像这样训练肌肉，你最终也会对淡黄色的条纹紧身裤和背心产生兴趣，成为一名健美运动员！

你应该训练你的神经系统，让你的肌肉在放松时保持半收缩状态。毕竟，这就是肌肉变得强而有力的方式——肌肉在放松状态下保留部分收缩！这种强化来自神经活动，而不是能量消耗。

肌肉力量的增加并不是肌肉的物理变化过程，而是神经系统更加警觉的结果。它使肌肉一直保持部分收缩，这样你就可以随时准备与熊摔跤，或者做其他需要力量的事情。当一名俄罗斯伞兵准备抗下教官的大力踢腿以保护内脏时，他已经掌握了上述诀窍！

力量=肌肉张力=收缩训练。就这么简单。通过学习绷紧肌肉产生力量，而不是“燃烧”肌肉获得泵感，你的肌肉会变得越来越有力，越来越强壮！力量和收缩训练是一回事。

“为什么我很难练出翘臀？”数以百万计的女士感到奇怪。因为锻炼臀肌需要使其承受巨大的力量和杠杆作用。当你看到力量举运动员深蹲或硬拉足以令杠铃杆弯曲的重量时，臀肌承受着巨大的负荷！而做挤压臀部这样的愚蠢动作，你甚至无法充分调动身体最强肌群的力量潜能。

“为什么我不能增强我的肱三头肌？”男人和女人都想弄清楚这个问题。20世纪60年代初进行的一项不知名的研究发现，尽管肱三头肌是一块包含“三个头”的肌肉，但在使用时，首当其冲的是其内侧头。另外两个头，长头和外侧头，只有在负载很大的时候才会加入进来。生物力学研究员、知名力量举运动员托马斯·麦克劳林（Thomas McLaughlin）博士表示，即使是一些力量举运动员，他们在训练中使用的重量也没有达到可以动员肱三头肌的长头和外侧头参与分担负重的程度！肱三头肌最显眼的部分是位于手臂外侧的外侧头。但很显然，如果你继续使用较小的重量以高重复次数训练至力竭，它将永远保持平坦和下垂！

你想体验被撕裂的感觉吗？那就训练大重量！你可能仍然忍不住会问，“那为什么健美运动员比力量举运动员看起来更‘瘦’呢？”他们的训练重量比力量举运动员更小，但肌肉轮廓看起来更分明。我们是不是搞错了什么？

事实并非如此。

一方面，很多公众对举重运动员或力量举运动员的印象还停留在大块头、啤酒肚的层面。无限制级别的举重运动员确实符合这一形象，因为他们可以从额外的体重，甚至是厚厚的脂肪中受益。大肚子和很厚的小腿脂肪有助于身体弹起，从而使深蹲的起身变得更容易！这些男人坚如磐石的肌肉埋藏在一块块脂肪下面。

另一方面，较轻的举重运动员往往非常瘦，以充分利用其所在级别允许的体重。看看198磅（89.8千克）重的俄罗斯奥运举重传奇人物戴维·里格特（David Rigert）的体格，看看身材娇小、体重123磅（55.8千克）的玛丽·杰弗里（Mary Jeffrey）的硬朗身体，她惊人地创造了275磅（124.7千克）的卧推世界纪录，再看看体重165磅（74.8千克）、创造780磅（353.8千克）硬拉世界纪录的得克萨斯人约翰·因泽（John Inzer）的肌肉。当然，这些运动员的长相通常比不了健美运动员，但这与力量训练没什么关系。

当谈到健美运动员时，也要记住，他们在没有负重时的形象与在收缩肌肉爆发力量时的状态有很大的区别。

第二卷 自重训练

自重力量训练的首要优点在于它的易得性，即你能随时随地用它锻炼。

还有一点往往被人们忽视了，即人类在很长的历史时期并没有健身房和健身器械可用，在那些与野兽对抗的年代，我们的祖先能够用来强健体魄的只有自己的身体。

可以说，自重训练这种最古老的训练形式从一开始就伴随着我们，也因此形成了很多实用的技术和技巧。所以，前文讲述的力量训练技巧非常适合自重训练，这一点也被古往今来的武术家们持续证明着。你需要做的，就是遵循这部分推荐的方法和练习，马上行动起来。

第四章 自重训练准则

为何要用自身体重进行力量训练

因为自己的体重随时都能使用。

托尼・布洛埃（Tony Blauer）工作于执法机构和军事社区，是一位顶尖的防卫术和近距离作战教官，他创造了“徒手斗士”的说法。“即使徒手我也能保护自己”，布洛埃说道，“更不用说拿着MP5冲锋枪、穿着凯夫拉防弹衣、并拥有一支训练有素的特种武器及战术小队（Special Weapons and Tactics，简称SWAT）了，那样我能做得更好。”

同样的道理也适用于力量训练。如果你能获得高品质的健身器材，比如杠铃、壶铃、单杠等，那你能获得最佳的训练效果。但是，除非你像温室植物一样，一生是可预测的，否则，你迟早会面临手无寸铁的状况。

你必须做好面对环境挑战的准备。

自力更生是一项被俄罗斯特种部队高度重视的技能。你知道如何用篝火燃尽后剩下的木灰洗澡吗？你会往袜子里填充干草让脚保持温暖吗？你能用一枚手榴弹和一支香烟组装出一颗定时炸弹吗？

你能在任何地点、任何时间完成一次高质量的力量训练么？

现在，你可以了。正如西奥多·罗斯福（Theodore Roosevelt）所说：“做你能做的事，无论你拥有什么，无论你在哪儿。”

力量及纯粹力量

你不能满足于“只是强壮”。“谁更强一些，是力量举运动员还是大力士？”类似于“一条鲨鱼和一头狮子战斗谁会赢？”，属于缺少基本常识的提问。

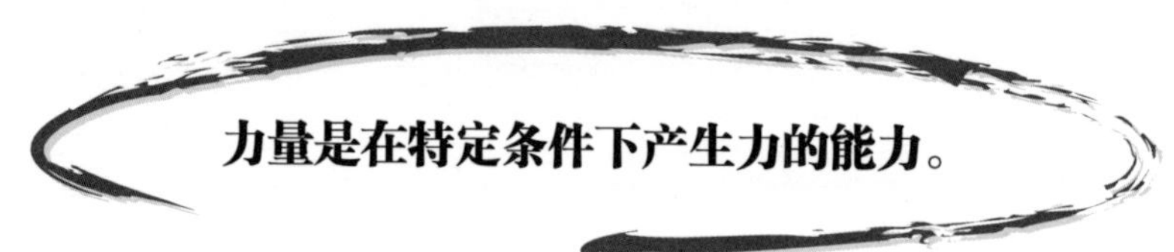

力量可能意味着很多不同的东西。对它的理解不能脱离具体环境。

“力量”应该定义为“在特定条件下产生力的能力”。

以下是经过残酷实践检验做出的、高度简化的力量分类：

- 最大力量（纯粹力量）。
- 爆发力。
- 力量耐力。

俄罗斯全能空手道格斗高手和教练奥列格·伊格纳托夫（Oleg Ignatov）提供了以下的自身体重练习，用以打造上述三种力量。

- **俯卧撑系列**：单臂俯卧撑（最大力量）、击掌俯卧撑（爆发力），以及高重复次数俯卧撑（力量耐力）。
- **深蹲系列**：单腿深蹲（最大力量）、低次数的垂直跳和立定跳远（爆发力）、提高到50次的垂直跳和立定跳远（力量耐力）、高重复次数深蹲（力量耐力）。

本书只专注于最大力量。

- 因为最大力量在当今的畅销书中很少被提及——人们更青睐力竭式健身；
- 因为关于力量耐力训练的话题已经够多了；
- 因为，假以时日，你的爆发力会自动随着最大力量，即纯粹力量的增长而增强；
- 因为你的体型与你的实力没有必然关联。

力量训练准则

如果你在寻求一个疯狂的训练计划，用高重复次数的俯卧撑和仰卧起坐来折磨自己，那你来错了地方。这里讲的是最大力量。

对一个追求最大力量的硬汉来说，高重复次数的训练无法补偿阻力的缺失。

这才是事实：超强的力量只能通过高阻力、低重复次数的训练获得，这种训练刺激你的肌肉，使其处于高度绷紧的状态。

注意我说的是“阻力”，而不是“重量”。举一个恰当的例子：现在能卧推两倍于自身体重的重量的人远远多于能够做单臂引体向上的人。

“自重训练”部分将向你展示如何选择具有挑战性的自身体重练习，而且每次训练只需奋力做几次。你将通过改变“身体杠杆”所发挥的作用和体重在四肢之间的分配来完成训练。如果俯卧撑对你来说太容易了，那就用一条手臂完成它。如果你很强壮，做单臂俯卧撑没问题，那就把脚垫高。明白了吧。同样的，你也可以使动作变得更容易。比如，你在做单臂俯卧撑时把手垫高，而不是把脚垫高。

在器械力量训练中有一个真理：要获得最好的训练效果，需要专注于少数几种高阻力、全身性的练习，比如硬拉和抓举。“自重训练”部分的计划中只有两种随时随地都可以做的练习：单腿深蹲和单臂俯卧撑。这两种练习难度非常高且能锻炼全身，是与杠铃举重相匹配的自身体重练习。

力量是通过更有力地绷紧肌肉练就的，而不是通过不限次数的训练导致肌肉力竭来获得的。“为什么正确的自重训练如此有效？”克里斯托弗·萨默问道，“有几个‘原因’。首先是肌肉收缩。基本上来说，一项练习使用的身体部位越多，肌肉收缩得越紧，训练效果就越好。为了取得最大的进步，训练到力竭是没有必要的，但最大限度地收缩肌肉是必需的。这些高级自重练习的主要优点之一就在于，它们要求完全地、全身性地收缩肌肉。事实上，高难度的动作是如此费力，以至于根本不可能通过其他任何方式完成……”

高阻力是使肌肉高度绷紧的两个必备条件之一。另外一个条件是集中精神于更努力地收缩肌肉。绷紧肌肉的技巧是变强壮的最重要的因素——比肌肉块的大小要重要得多。如果不是这样，阿列克谢·斯沃肯（Alexey Sivokon）就不可能以148磅（67.1千克）的体重卧推起500磅（226.8千克）的重量，并且能够动作到位。

由于发力需要技巧，训练必须接近于“实战”而非“练习”。因此，“自重训练”部分介绍的训练计划与你以往见过的完全不同。你每天都要训练，并且使训练贯穿一整天；你必须专注于最大限度地绷紧肌肉，并要完全避免肌肉疲劳和力竭。这样，你的力量才会突飞猛进。

“我的引体向上在一周内从5次提升到了10次。”RKC会员、体重235磅（106.6千克）的克里斯·卢比奥（Chris Rubio）在龙门网站发帖子这样说道。显然，他的进步很不寻常。

“自重训练”部分的训练计划的另一个特点就是注重高度绷紧肌肉的技巧。简单地用力绷紧目标肌肉感觉是很不错的，但你可以更有力地收缩肌肉——只需运用前文中提到的古老武术中的绷紧秘诀就可以做到这一点。这些技巧经过了系统的整理，形成了可靠的训练体系，每个人都可以上手学习。

杰夫·撒林格（Jeff Selleg）曾是美国西雅图港警务处主管山地特别反应小组（Special Response Team，简称SRT）培训和运作的官员，他这样写道：“帕维尔，谢谢你在美国执法培训协会（American Society of Law Enforcement Training）研讨会所做的培训。我完全掌握了你传授的技能。在接受了3小时的培训后，我可以多完成6个引体向上了。”

如此之快的进步是如何取得的？就是通过增加肌肉收缩的强度来实现的。

力量与你同在！无论何地，无论何时。

自重训练准则

- 力量是通过更有力地绷紧肌肉获得的，而非通过不限次数的训练导致肌肉力竭获得的。
- 高度绷紧肌肉需要高阻力以及集中精神于更努力地收缩肌肉。
- 如果你没有较大的体重，可以有意识地把身体置于不利于相关肌肉发力的杠杆效应下，并以此为原则，通过调整身体重心重新分配作用于四肢上的体重的方式来获得高阻力。
- 获得力量增长的最好方式是，专注于少数几种高阻力、低次数、全身性的练习。本书中的自重训练只包含两种标志性练习：单腿深蹲和单臂俯卧撑。它们是与杠铃举重相匹配的自身体重练习。
- 发力需要技巧。力量训练必须接近于“实战”而非“练习”。你必须每天训练，并使训练贯穿一整天；你必须专注于最大限度地绷紧肌肉，并要完全地避免肌肉疲劳和力竭。
- 绷紧肌肉的技巧是变强壮的最重要的因素——比肌肉块的大小重要得多。
- 运用武术中高度绷紧肌肉的技巧，你可以把肌肉绷得更紧，从而变得更强大。

增加自重训练难度的策略

问题在于：如果我们的体重不够大，那要如何在6次或更少次数的训练中，使训练难度变得足够大？

很简单。

通过调整身体重心重新分配作用于四肢的体重、调整动作幅度、在不稳定的环境中训练，以及改变“身体杠杆”所发挥的作用使之更不利于相关肌肉发力，并尽可能地不去利用反弹和惯性，就可以达到利用自身体重增加训练阻力和训练难度的目的。

让我们逐一分析这些方法。

重新分配作用于四肢的体重

当你完成一个基本的地面俯卧撑时，你的体重由双手和双脚共同分担，基本上手脚各自分担一半的体重。如果把双脚放在长凳上，那么你的双手分担的重量可能会达到体重的70%，你需要推起的重量增大了。继续抬高双脚的话，手脚的承重比例就会达到80：20。继续抬高双脚，直至身体呈倒立姿势，此时你就需要推起100%的体重（确切地说，是接近100%的体重）——因为你的前臂保持在原位不动。

你应该明白了吧。相反的原则也同样适用。把手放在桌子上或者墙壁上，你推起的重量就只占自身体重的一小部分。

双脚抬得更高的话，手脚的承重比例就可以达到 80 ： 20

抬高躯干而非双脚的话，你就推起了自身体重的一小部分

另一个分配自身体重的例子是：做双臂俯卧撑时，把更多重量转移到一条手臂上。随着你变得更加强壮，逐渐减少另一条手臂承受的重量，直到你能完成标准的单臂俯卧撑。当然，抬起一条腿是另一种选择。

在门框内练习单腿深蹲，借助双手帮助自己起身，则是另一种分配体重的方法。

调整动作幅度

在自重训练过程中，重新分配作用于受力部位的体重是你改变阻力的主要方法，但不是唯一的方法。你同样可以在一些练习中调整动作幅度来改变阻力。臀部贴地的单腿深蹲深受俄罗斯特种部队的青睐，也许这个练习对你来说难以企及，但我相信你可以坐在一个高一点儿的凳子上，然后单腿起身。

你可以坐在一个高一点儿的凳子上，然后单腿起身

在不稳定的环境中训练

力量训练讲究的是绷紧肌肉。一种提高肌肉绷紧程度的方法就是使用较大的重量——但那不是自重训练的选择。另一种给你的肌肉增加挑战的方法就是在不稳定的环境中训练。美国武装部队力量举冠军杰克·瑞普（Jack Reape）教给我一个有趣的下斜俯卧撑变式：不同于把双脚放在长凳上，这个练习要求把双脚放在两个壶铃的把手上。壶铃的不稳定性会迫使你全身保持绷紧和用力的状态。

单臂单腿俯卧撑作为本书的特色练习，同样可以通过增加不稳定性大幅提升挑战性。当然，单腿深蹲也可以这样练。

改变杠杆所发挥的作用

你可以控制的另一个变量是杠杆作用。古希腊科学家阿基米德曾夸口说，只要给他提供一个支点以及足够长的杠杆，他就可以撬动地球。但是，杠杆作用是双向的。

通过减小“身体杠杆”所发挥的作用，可以使一个练习变得更困难。比如，在同样的场地做十字支撑绝对比做引体向上难得多，即使它们拉起的体重是相同的。

极大地减小训练过程中“身体杠杆”发挥的作用就是体操运动员练就超强力量的秘密。“游戏的名字叫作阻力。”这句话节选自克里斯托弗·萨默出版的《打造体操力量》（*Building the Olympic Body*）一书。“肌肉因为对抗阻力而收缩，只要坚持不懈地训练，假以时日，肌肉就会变得更强壮。为了增强力量，你在训练中对抗的阻力总量或负重总量必须随着训练进程递增。因此，调节体重就成了问题。当阻力（你的体重）是固定值的时候，你要如何继续增强力量呢？答案很简单——通过减少‘身体杠杆’发挥的作用，就可以使训练中的阻力变得越来越大。举个例子，悬垂直举腿比悬垂抬膝的难度大得多。在这两种练习中，双腿的重量是保持不变的，但是，通过减少‘身体杠杆’发挥的作用（在这个例子中就是伸直你的双腿），我们就能够大幅度增加阻力。通过伸直双腿，我们有效地使训练的难度提高了一倍，尽管我们的体重没有发生变化。”

悬垂抬膝要比悬垂直举腿容易得多

通过伸直双腿，我们有效地使训练的难度提高了一倍

有一个有趣的控制“身体杠杆”的方法。在《拉起自身体重》（*Pull Your Own Weight*）这本书中，里克·奥斯本（Rick Osbourne）和布瑞恩·麦卡斯基（Brian McCaskey）强烈推荐一种叫作“变化支点”的方法，“这是一种古老的技巧，通过使膝盖着地减小在俯卧撑中双臂承受的阻力。在这种技巧中有两个潜在的支点：你的膝盖和你的双脚。并且，相当奇怪的是，当你准备从膝盖支撑进阶到双脚支撑时，会经历一个相当长的过程……操作起来很简单，你可以把一个小凳子放在身体下方从髋部到双脚之间的任何位置。当凳子向髋部移动时，训练的阻力就会减小。随着你的力量提高，凳子应该逐渐移向脚尖。当然，理想情况是完全不依靠支点和凳子……”

对反弹和惯性说不

你也可以通过减少对反弹和惯性的利用来提高自身体重训练的难度。有两种方法可以帮助你做到这一点。

第一种方法叫作“静止启动”。以单臂俯卧撑为例，你不是在胸部贴地之后立即开始下一次动作，而是趴在地面彻底放松身体，然后弯曲并伸直手臂，爆发式地将身体推起。

第二种方法是动态静力训练。它需要在练习动作的关键点（动作中最费力的位置）停顿几秒并保持肌肉绷紧，然后继续做动作。仍以单臂俯卧撑为例，在你的胸部几乎贴到地面时，你需要停顿1~5秒。虽然你会感觉疼痛，但这对你有益！

在练习动作的关键点停顿几秒并保持肌肉绷紧，然后继续做动作

在你的胸部几乎贴到地面并停顿 1 ~ 5 秒之后，完成单臂俯卧撑。虽然你会感觉疼痛，但这对你有益

克里斯托弗·萨默总结道：“借助经验和创造力，学习或设计能够正确完成并有适当难度等级的练习是可能的，即便你使用的只是自身体重级别的阻力。只要极大地减小身体可借用的杠杆效应，你仍然能够练就惊人的力量。”

前体操运动员布拉德·约翰逊认为：当你通过多样化的自身体重练习完成力量训练时，只有天空是你的极限。图片由布拉德·约翰逊友情提供

第五章
自重训练体系

你已经知道自重训练计划的基本内容了，现在是看“螺母”和“螺栓”这些细节的时候了。

训练方法

磨合训练法（Grease the groove，GTG）

介绍这个方法的文章首次发表在《米罗》（*Milo*）杂志（一本专门面向追求极限力量的运动员的杂志）上。这就是我推荐给你的获得超强力量的自重训练方法。

有一次，在一个大众力量训练网站上，我偶然看到一个年轻的海军陆战队队员提出了这样一个问题：“我应该如何训练来增加引体向上的次数？”

当读到这个士兵得到的晦涩难懂并且非专业的建议时，我被逗笑了。他得到的建议包括：做直臂下拉、反向弯举、每次训练时三分之一的反手引体向上不能做反向部分……

我的建议是：如果你想精通引体向上，为什么不试着做——很多次引体向上？

我曾动员我的岳父罗杰·安东逊（Roger Antonson）执行一个运动计划，顺便提一下，他曾是海军陆战队队员。这个计划要求他每次去地下室时，都简单地做5次反手引体向上。每天，他做的引体向上的次数在25～100次之间，而且几乎不流汗。每隔一个月左右，罗杰会休息几天，然后测试自己的水平。结果让你意想不到，这个海军陆战队的老队员竟能够连续做20个反手引体向上，比40年前他还是个年轻士兵时能够完成的还要多！

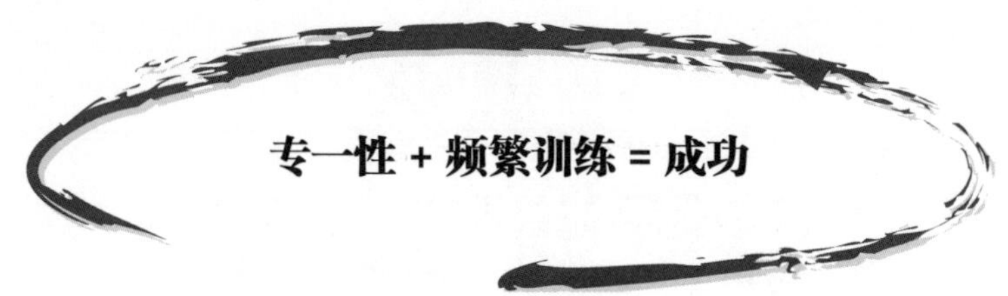

在这样训练了几个月后，罗杰卖掉了房子并搬进了一所公寓。我猜测，作为一个偏执的人，他会按照"每次去地下室都做引体向上"这种思路，在他自己的运动计划里新增一些条款。果然，罗杰找来了一根室内健身房专用的引体向上单杠，并实施了他的"用磨合训练法练习引体向上"的计划。

我的父亲弗拉基米尔（Vladimir）曾是一位苏联军官，在我刚成年的那几年里，他曾要求我遵循同样的磨合训练法。在父母的公寓里，厨房门的上方有一个嵌入式储物间（这是一种典型的俄式设计——你可能不会理解）。每次离开厨房时，我都会悬挂在储物间突出的边缘，在不太费劲的前提下，尽可能地多做几次指尖引体向上。

因此，高中时期的引体向上测验对我来说是轻而易举的事。根据传统的健美常识，罗杰和我按照这种计划训练都不可能变得更强壮。传统观念认为，每周每个肌群的训练次数超过2次就已经属于"过度训练"了！而且这样的训练还缺乏强度。但我们的确变得更强壮了。

后来，我把这个训练计划发表在《米罗》杂志上，那之后，无数的俄罗斯人和很多美国人也是这么训练的。

如何运用GTG

选择练习，并切实地通过磨合训练法安排训练。

你的技巧会变得很棒，源于你完成了多次接近极限组数的训练（即低重复次数、高组数的训练）。一旦你全力以赴，更多的"神经力量"就会传递到你的肌肉里，因为你的神经系统已经变成了"超导体"。

结果？你创造了一项个人纪录，尽管你在训练中从来都没有接近过自己的极限！

如果你还处于旧的训练模式中，那你会觉得这似乎是有悖常理的。但一旦你把力量训练付诸实践，它就会非常合情合理。

避免肌肉力竭是计划成功的关键。你甚至不能训练到接近力竭，无论是以最大力量还是训练次数来衡量你的训练！

一个可行的指导原则是：如果你用心训练，达到你能完成的极限次数的一半即可（虽然做更少的次数也没问题）。在罗杰·安东逊创下个人单组20次引体向上纪录的那段时间，他经常每天完成9个训练组。

自重训练计划的目标是获得纯粹力量，所以你每组至多完成5次重复即可，并要选择自重练习中难度较大的变式。

发力需要技巧。弗拉基米尔·扎齐奥尔斯基教授是一名苏联的力量专家，他总结了这个观点，即一个运动员必须“在完成尽可能多的训练的同时尽可能地保持对训练的新鲜感”。

如果你很难记住这个有效训练力量的最佳总结，可以考虑把它文在胳膊上。

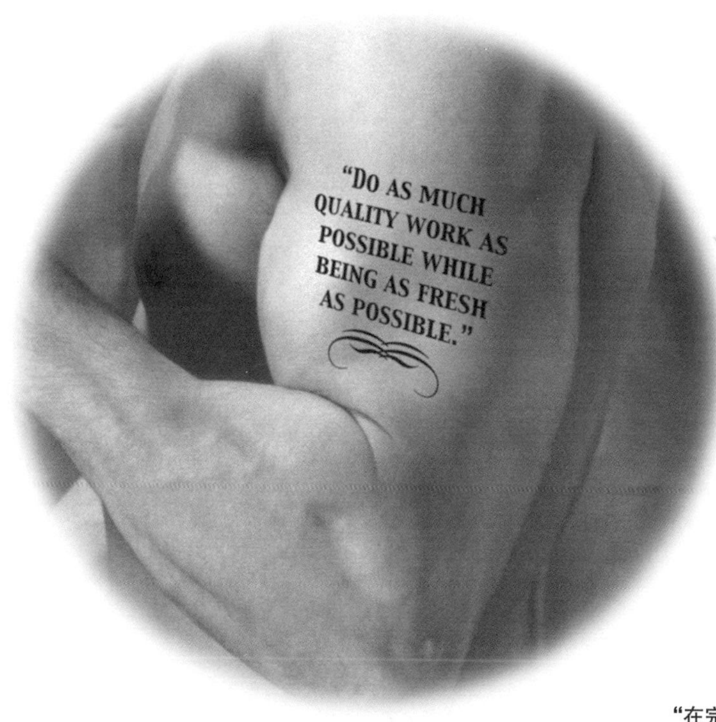

“在完成尽可能多的训练的同时尽可能地保持对训练的新鲜感。”

落实GTG

GTG 的 5 个 F

1. 专注（Focused）
2. 完美（Flawless）
3. 频繁（Frequent）
4. 充沛（Fresh）
5. 变化（Fluctuating）

专注

跆拳道的传奇人物、“超级脚”比尔·华莱士（Bill Wallace）带着一条膝关节受伤的腿参加格斗，他只能用另一条腿踢击对手。所以我们的英雄“超级脚”用他的健全的一条腿完成了两倍的踢击次数。他的一条腿有缺陷，所以他把另一条腿练得比对手的两条腿还要强。接下来的一切都是历史了。

对不同的运动来说，它们的兴与衰同样遵循丛林法则，它们彼此之间存在竞争。你练习的技巧种类越少，锻炼的效果就会越好。

使用GTG训练的话，一般情况下不要同时训练两种以上不相关的练习。GTG训练要遵循一个更常规的计划，其他练习的训练量要少，频率要低，是否需要训练由你自己的情况决定。

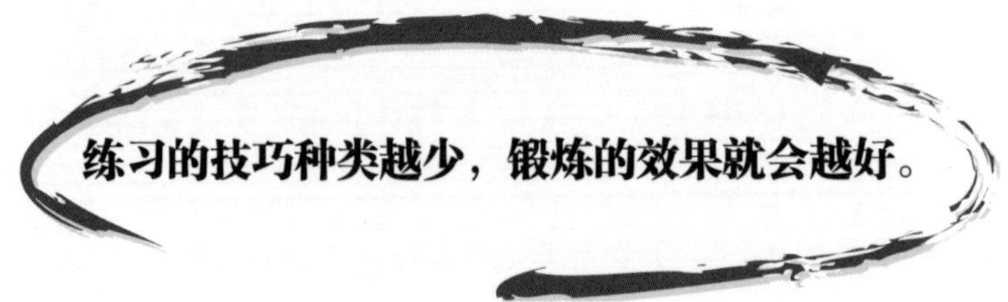

完美

训练必须达到完美的水准。当你进行力量最大化的训练时，对动作的要求不仅要严格，而且要完美，这意味着需要高水平的肌肉绷紧程度，或者称为肌肉张力。由俄罗斯专家罗伯特·罗曼主持的研究明确指出：力量训练的关键在于肌肉绷紧的程度，而不是训练到力竭或者动作重复次数的多少。

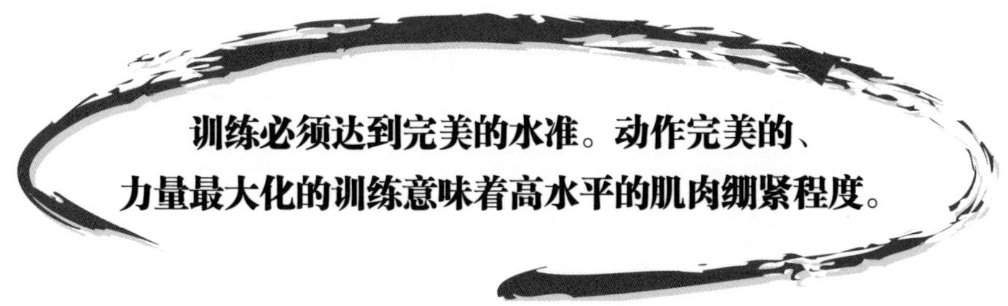

产生高水平的肌肉张力需要5个条件：可观的外部阻力、高度绷紧肌肉的技巧及力量呼吸技巧的运用、每组的重复次数限制在5次或更少、每组训练中肌肉都要保持相对充沛的力量以及完成动作的速度要相当慢。

关于“可观的阻力”，你不必使用单次最大阻力进行训练，那样只会使你迅速地耗尽体力。但至少你应该感觉到阻力达到了“中等”水平。

要使肌肉张力最大化，必须削减重复次数。力量训练的研究者已经毫无疑问地确定：当每组的重复次数被限制在5次甚至更少时，“纯粹力量”能够获得最大限度的增长。发力是一种技巧，而技巧必须进行专门的训练。低重复次数训练就是专门使力量最大化的训练。如果单臂俯卧撑是你的目标，那你就不要在标准俯卧撑上耗费太多精力；如果单腿深蹲或手枪深蹲是你的目标，那就不要为印度深蹲伤神。至于原因，我已经在前面的内容中解释过了。但是对这种不言自明的观点来说，没有什么解释是必要的。

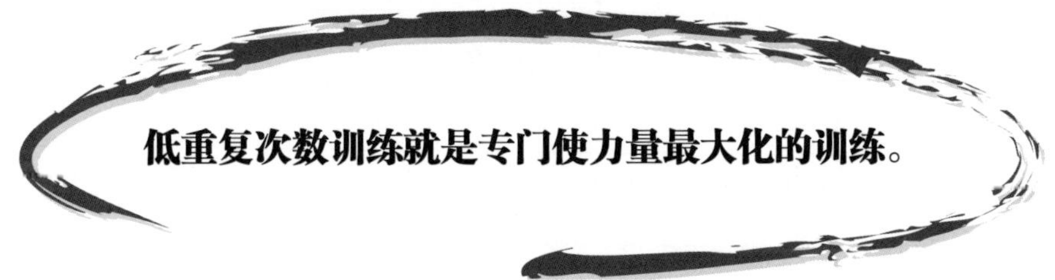

频繁

“……不知道是因为什么缘故，绝大多数有一年重量训练经验的男人做不了‘1次自身体重级别的翻举和实力举’。”查尔斯·A. 史密斯（Charles A. Smith）在1947年的《铁人》（*Ironman*）期刊上如是说。如今，相比于一次自身体重级别的实力举，围绕肱二头肌做臂围测量的人有增无减，即使是在“硬派”健身房里也是如此。

史密斯继续说："推举重量的纪录达到如此惊人高度的原因……就是因为专业化训练在推举中的密集运用。'俄罗斯的推举冠军'诺瓦克（Novak）每天都在练习推举，'美国的推举冠军'戴维斯（Davis）也在做着同样的事情……推举成功的秘诀只有一个——那就是抓住每一次每一回你靠近杠铃的机会不断地练习。当推举的纪录保持者在训练中试图刷新他们的纪录时，他们实际上就是使用的这种方法。"

这是基本常识，正如沃森（Watson）所说："某种练习你训练得越勤，就能做得越好——只要你能够避免疲劳和过度训练。"在德国的一项研究中，每隔一天训练1次的力量增长效果只有天天训练的80%，如果一周训练1次的话，这个比例会进一步降低到40%。这并不是说你不能减少训练频率，你只是无法获得更多的力量。

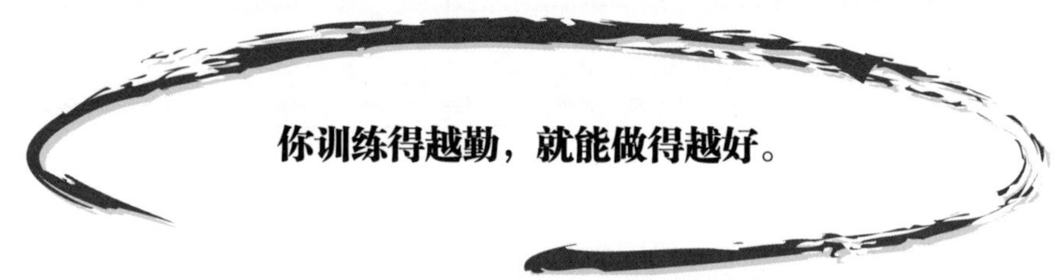

然而，星期天休息一天是个好主意。这将有助于你保持充沛的体力。在睡前的几个小时里停止力量训练也是个很好的建议，因为睡前训练会导致你的神经变得兴奋。

充沛

尽可能多次地训练，同时保持充沛的体力。这是一种巧妙的平衡，需要一定的行为准则。一方面，训练太少会减缓你的进步。另一方面，如果训练太多，以至于你的身体感到疼痛并变得虚弱，同样会使你退步。你要倾听身体的声音，宁可少练一些也不要过量。

在保持充沛体力的情况下训练，在你的技术动作开始退化之前停止。换句话说，在你感到身体疲劳之前停止训练。

"记住，在你的训练结束后，你应该总是感觉比训练开始前更强壮了。如果在一次训练结束后你感到虚弱，那说明你训练过度了。"来自美国中西部区的大力士斯蒂夫·胡斯塔（Steve Justa）在《力量之书》（*The Book of Strength*）中的"岩石、铁、钢"一章中如是说。如果前面讲的内容对你理解这种观点造成了麻烦，那就自己默默重复几遍：发力需要技巧，发力需要技巧，发力需要技巧。只有当你保持充沛的体力时，技巧才能得到最佳的训练。

在你的训练结束后，
你应该总是感觉比训练开始前更强壮了。

能够保持体力充沛是低重复次数训练成为首选的另一个原因。与健美训练的谬论不同，低重复次数能够使你更容易地恢复体力。低重复次数意味着可以训练得更为频繁，也意味着增加更多的力量。

“有一次，我在一个大马戏团的表演者的帐篷里跟一个非常出名的空中飞人表演者交流心得，”查尔斯·麦克马洪（Charles MacMahon）在他1925年出版的《通往健康和力量的皇家大道》（*The Royal Road to Health and Strength*）一书中回忆道，“在轮到他出场表演之前，他走到一个吊环旁边，用右手的两根手指勾住吊环，完成了两次单臂引体向上。然后他换左手完成了同样的练习。他把这种练习当作表演前的‘热身’，而且他告诉我，这就是他在表演空中飞人之外的全部训练，除非不得不练习一个新的特技，否则他不会训练更多。每个人都知道，完成单臂引体向上需要更多的力量，它的难度几乎是完成双臂引体向上的25倍。有趣的是，单臂引体向上却不易导致疲劳。表演者知道这一点，这就是他的时间和精力得到如此高效利用的原因。”

低重复次数能够使你更容易地恢复体力。
低重复次数意味着可以训练得更为频繁，
也意味着增加更多的力量。

不要把肌肉训练到力竭或接近力竭。这样的训练会大大延长你的恢复时间，从而减少你的训练频率。还有其他需要避免肌肉力竭的理由。在你学习动作的时候，你希望自己的训练出现失败吗？不会，你需要成功的训练！我已经详细剖析了训练到力竭的缺点，你应该知道为什么。

在大多数时候，你能够完成最高重复数的一半次数就可以了。偶尔减少一些或增加一些也要将波动范围控制在1次或2次，并在肌肉力竭之前停下。

把握训练频率与体力充沛之间的平衡是一件棘手的事情。这需要倾听身体的声音，并耐心摸索出合适的训练量和训练频率的组合。不要突然投入到每一天的每一小时都完成一组训练的计划中，而要从一天里完成1个或2个简单的训练组开始。几周之后，每隔一天额外增加1组训练，逐渐增加到每天3组训练。以此类推。你明白了吧：要循序渐进。最终，你的身体将能够驾驭惊人的训练负荷——但是，这并不会在一夜之间发生。

变化

一方面，为了精通某一件事情，你必须进行专门的训练。

另一方面，如果你持续做同样的事情，你最终会遭遇瓶颈。

所以，有效的训练在形式上必须是不同的，同时又要体现出目标的一致性的！这对禅宗大师来说都是一个难题。

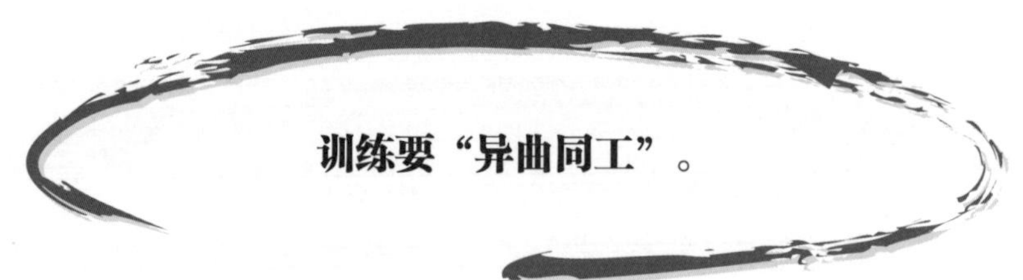

那么打开这个心结的钥匙是什么呢？

是训练同一练习的不同变式。这种方式更有效、更有趣，并且不太可能因过度训练而导致受伤。

你可以改变组数、重复次数、接近力竭的程度，等等。这同样是为了达成保持你的训练“异曲同工”的目标，并使你不断取得进步。俄罗斯的举重运动员对这种方法推崇备至，他们将其称为“训练负荷调整”。

最好的方式是，今天一共完成10次重复、明天完成30次重复、后天完成20次重复，而不是每天都完成20次重复。

美国海军陆战队士兵尼克·尼布利尔（Nick Nibler），一名经验丰富的RKC导师，他亲自使用“异曲同工”式的训练方法并取得了巨大的成功。他的那些来自“北方全面强健”（www.CrossFitNorth.com）网站的“受害者”也取得了成功。他和另一名经验丰富的RKC导师、海豹突击队士兵戴夫·沃纳（Dave Werner）在西雅图共同拥有一家私人健身房。

“经验丰富的硬汉”、特种部队老兵、RKC 导师尼克·尼布利尔和戴夫·沃纳在他们的西雅图健身房中训练。图片由“北方全面强健”网站友情提供

“我真的很想尽最大努力练习引体向上……然而，我不想因过度训练而受伤，或者使我的训练变成盲目地完成大量的重复次数和组数，那样的话训练很快就会成为一种负担。所以，我决定在训练计划中加入一些变化。我现在几乎天天做引体向上，但是同样的训练我从不会尝试两次。我会尽可能地在训练中引入更多的变化。某一天我会训练壶铃负重引体向上，下一次我就只做自重引体向上，有时我会把输液管做成套环挂在单杠上，然后把脚搭在套环上，完成很多次的辅助引体向上。”

请注意，之前的海军陆战队士兵是把纯粹力量和力量耐力组合起来训练的。如果你同时需要它们，这样训练确实有效。如果你专注于提高纯粹力量，那你应该把训练次数控制在1～5次的范围内并经常变化。记住，“异曲同工”。

“每天的训练强度也应该变化。有时我会在每一组里奋斗到力竭前的最后1次完美重复。而在另外一些日子里，我可能会针对少数几组，只使出50%～70%的力量训练。梯度训练也是个很棒的方法。它同样有助于改变身体的代谢状况。在某些时候，我会尽可能地保持较长的组间休息时间，并把训练分配到一整天里完成。不断变化的训练计划交织在一起，就会出现在某些时候，当引体向上作为一个短暂训练周期的一部分时，我会试着尽可能快地完成它的情况。另一个每天都在变化的东西是单杠。我练习引体向上使用的工具包括：一个稳固的单杠、一个可摆动的单杠、一组吊环、一条绳子（两只手共同抓握）、两条平行悬挂的绳子（两只手分别抓握一条）。如果身体需要一次训练节奏上的真正改变，我会在那天用可摇摆的单杠完成一些划船练习。这种利用有效的支撑物在另一个平面中训练拉力的方式一直是非常有益的。通常在这样训练划船1天或2天后，我会注意到我在某些方面的能力得到了提高。我的工作日程和社会责任只给我提供了随机的日子进行训练，所以我不需要周密的计划，但看上去这些日子也来得正是时候。

“这种训练方法对我来说非常富有成效。我的身体永远不会知道接下来要如何训练，但它看起来能够很快适应遇到的任何训练。这同样是一种非常有意思的计划安排。弄清楚每天需要关注的变量是什么使我的训练变成了一种游戏，使得训练的趣味性得以保留。至于引体向上，我之前从未完成过这么多次。”

尼克·尼布利尔这样总结道。

适当调整训练负荷同样需要懂得何时削减训练量：当疲劳增加或者是你将要测试自己以创造一个新的个人纪录的时候。

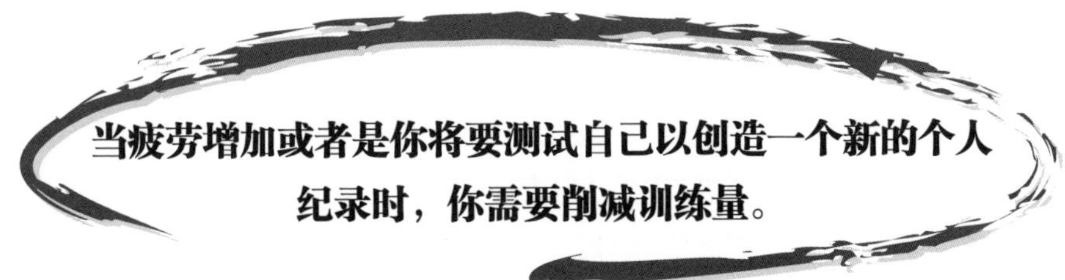

力量训练和力量展示不是一回事。那种你应该在每次训练中打破个人纪录的观念就是一个童话。你尝试创造个人纪录的频率越低，效果就越好。对新手来说，每2周（最小间隔）尝试一次突破是个不错的指导方案；对有经验的力量训练运动员来说，每2个月挑战一次个人纪录更合适；对精英运动员来说，1年里挑战两三次个人纪录已经足够了。

你应该为此安排好训练计划。在此之前，你应该按照简单有效的、逐渐削减训练量的方式安排训练：先进行1天或2天的简单训练，然后休息1天，最后完成测试。以负重1个53磅（24.0千克）重的壶铃完成最多5次的单腿深蹲为例：星期一正常训练；星期二可能是在53磅（24.0千克）负重条件下完成10组×2次的训练；星期三开始削减训练量，在36磅（16.3千克）负重条件下完成5组×2次的训练；星期四的训练会更简单，在36磅（16.3千克）负重条件下完成5组×1次的训练；星期五则休息一天；到星期六，如果身体状态良好没有伤痛，你应该能够在负重53磅（24.0千克）壶铃的条件下完成6次甚至7次的单腿深蹲。你已经突破了5次的极限，准备好挑战72磅（32.7千克）的壶铃负重吧。

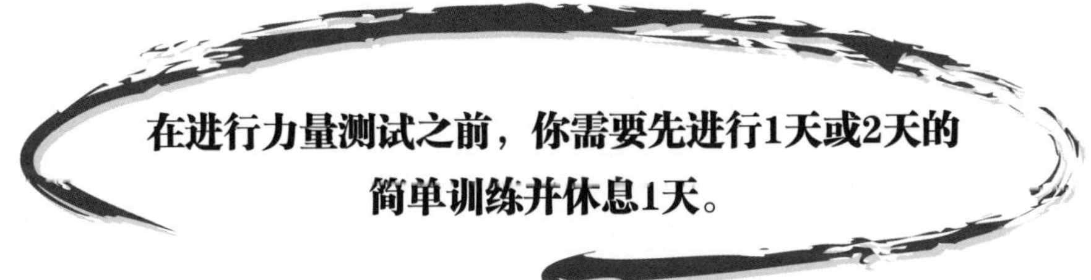

如果偶尔训练过度了，你同样要削减训练量。如果你感觉到身体疲劳、疼痛和虚弱，那就需要将你的训练量或每周训练的总的重复次数削减大约一半，直到你感觉身体重新变得精力充沛并渴望训练。这只是一个粗略的指导，严重的过度训练需要采取更严厉的措施。

严重的过度训练通常伴随着一系列的症状，比如体力透支导致的伤痛或者是难以入睡，这都是愚蠢地拒绝倾听身体声音的结果。不要这么做！

另一方面，偶尔的轻微过度训练就像一个柠檬，有经验的运动员能把它变成柠檬汁。“被水坝拦截的河流具有更大的能量。”一个立陶宛人如是说。

立即削减训练量，你应该能看到巨大的力量增长，前提是你的过度训练是轻微的，而且你削减训练量的举措是及时的。

一些有经验的力量训练运动员非常擅长调整他们的身体。他们会有目的地造成轻微的过度训练，然后逐渐削减训练量并随之获得一个力量峰值。我不建议新手有目的地过度训练，这需要专门的技能，就好像你驾机俯冲时需要在飞机撞毁之前将其拉起来一样。但是，如果你确实偶尔训练过度了，你应该知道要怎么做。

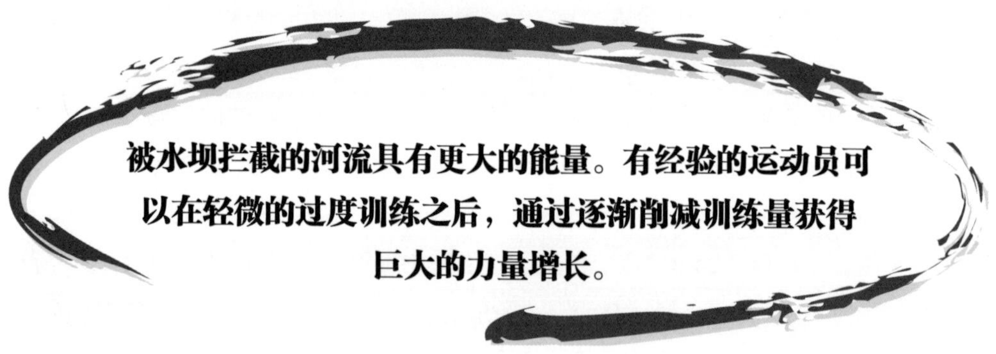

GTG总结

- GTG只是用来训练单腿深蹲和单臂俯卧撑的。如果你选择完成其他练习，请按照一个更常规的计划将它们分开训练。
- 使用超严格的技巧。
- 运用高度绷紧肌肉和力量呼吸的技巧。
- 选择那些你感觉达到了“中等强度”的练习变式。
- 起身动作平稳以减慢速度。
- 每组练习的重复次数限制在5次甚至更少。
- 如果你有多个微训练计划的话，请在每周完成6次力量训练，并在星期天休息。
- 不要训练到肌肉力竭或接近力竭的程度。在大部分时间里，完成你能够做到的最高重复次数的一半即可。偶尔少做或多做几次也要将波动范围控制在1次或2次，并在力竭之前停下来。
- 在你的训练结束后，你应该感觉比训练开始前更强壮了。
- 如果出现轻微的过度训练，请削减50%的训练量，直到你感觉身体精力充沛并渴望训练。

- 循序渐进。
- 训练同一种练习的不同变式。不断变化组数、重复次数和接近力竭的程度。
- 尝试创造个人纪录的频率越低，效果就越好。对新手来说，每2周尝试一次突破是个不错的指导方案；对有经验的力量训练运动员来说，每2个月挑战一次个人纪录更合适。在力量测试之前，你应该先进行1天或2天的简单训练，然后休息1天。

进一步总结GTG

如果你能像雪貂一样持续保持高强度的注意力，这就是《读者文摘》（*Reader's Digest*）版的GTG。

- 只使用2种练习和它们的变式。
- 练习难度保持在中等水平。
- 绷紧肌肉。
- 每组训练完成你能够做到的最高重复次数的一半次数，且不要超过5次。
- 抓住每一次机会训练，且不要训练到力竭。

10个词以内总结GTG

正如古老的俄罗斯军队的笑话所说的，一个军官正在一辆坦克周围指导一队新兵，他说坦克上有一个无线电收发器。一个新兵问：“对不起，长官，无线电是在晶体管里还是在芯片里？”——“对那些白痴，我再重复一遍：在坦克上。”

这就是“坦克版”的GTG。蛮力训练不会需要比这更多的基本要素了。

需要最小化的要素

- 练习种数
- 疲劳程度

需要最大化的要素

- 肌肉绷紧程度
- 训练频率

练习

“使身体训练变得更令人满意和更有吸引力需要根据练习的数量来判断，这种想法是错误的。”丹麦国家体操队总教练克努森（K.A.Knudsen）在他1920年出版的《体操教材》（*A Textbook of Gymnastics*）一书中如此写道。“体操教练必须掌握控制身体的艺术。在学校课程中，有太多本可用于身体训练的时间被浪费在了没有价值的练习上。因此，一名体操教练首先要具备的能力就是评估他采用的练习的价值。”

而单腿深蹲和单臂单腿俯卧撑就是这样值得投入的练习。

GTG是终极的专业训练方法。根据原则，你不能专注于太多事情。这里只需要你练习单腿深蹲和单臂俯卧撑。斗士是赤手空拳的，是没有武器的，但是他会把这些技能运用到炉火纯青的境界。

手枪深蹲：俄罗斯特种部队强化腿部的练习

如果你想锻炼出强壮的腿部，但除了自己的体重没有其他阻力可用，那就只有一种训练可行——练习单腿深蹲。

单腿深蹲，在俄罗斯特种部队里被亲切地称为“手枪深蹲”。只用一条腿稳稳地蹲下，另一条腿在身前保持近乎伸直的状态，然后在不借助身体反弹的情况下站起来。这不会出汗，对吧？

你想知道，跟一个普通的俄罗斯硬汉相比，你的水平如何么？

洛巴诺夫（S.Lobanov）和丘马克（A.Chumakov）是苏联时期全苏研究院（All-Union Research Institute）的体育大师，在他们开发的一系列体育测试中，每条腿连续完成10次单腿深蹲是“合格”，15次是“良好”，20次是“优秀”。每次训练完成的次数无须超过5次，你就能够逐渐进步到连续完成20次的水准。你只需采用延长停顿时间、增加壶铃负重等方式，就可以使训练难度变得更高。

那么，是时候开始训练了。一只脚平放在地面上，脚后跟用力蹬地，另一条腿在身体前方保持近乎伸直的状态，然后在完全可控的状态下蹲下，直到支撑腿的腘绳肌紧贴小腿。不要借助反弹，停顿1秒再起身。注意不要扭伤膝关节，也不要弯腰或使身体过于前倾。

如果你能遵循以下指导（这些指导很独特，或者说是现有的力量训练类书籍所缺乏的），并最终能完成1次干净利落的单腿深蹲，那么我会向你致敬。但是我认为你

一只脚平放在地面上，脚后跟用力蹬地，另一条腿在身体前方保持近乎伸直的状态，然后在完全可控的状态下蹲下，直到支撑腿的腘绳肌紧贴小腿
只用一条腿蹲到最低点，另一条腿在身前保持近乎伸直的状态，然后在不借助身体反弹的情况下站起来

不要借助身体的反弹

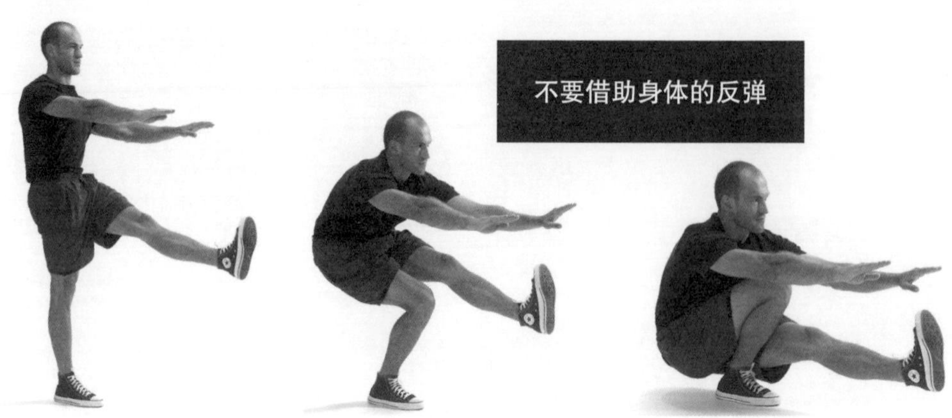

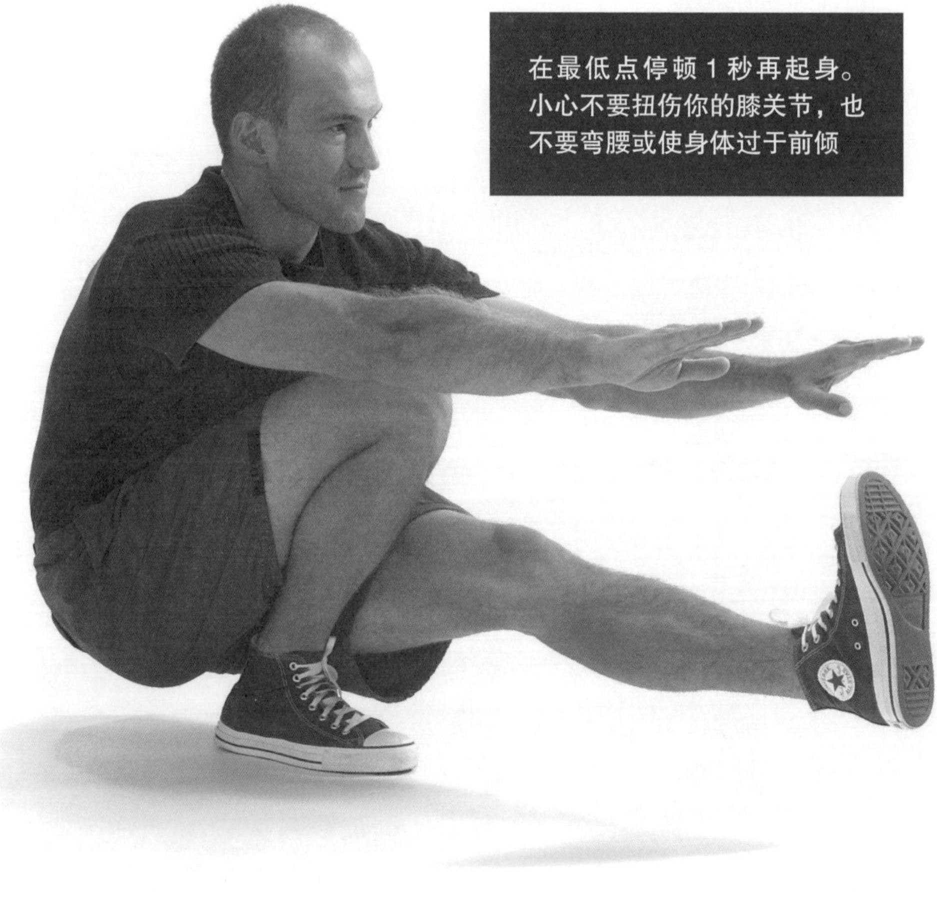

在最低点停顿 1 秒再起身。
小心不要扭伤你的膝关节，也
不要弯腰或使身体过于前倾

不会这么顺利。我的观点是：训练的动作种类要少一些，要更多地专注于动作细节。那些已经使自己的一个或两个招式达到炉火纯青程度的街头格斗家总是能够击败黑带选手，即使后者知道10种格挡攻击的方法。

在后面的部分，你会发现全面的分步指导，它们能够帮助你的单腿深蹲和单臂俯卧撑（它们是自重训练计划中仅有的两种练习）完成从狗熊到英雄的升级——训练中包括很多很酷的变式，这些变式与标准单腿深蹲和标准单臂俯卧撑相比，有些更简单，有些则更难。

你可以做很多事情但依然平庸，或者你可以像激光聚焦那样通过专注于少量事物使自己的水平达到惊人的高度。美国全能武术冠军斯蒂夫·科特（Steve Cotter）是精英级RKC导师，十几岁的时候就能够连续完成80次单腿深蹲！这里需要再说明一下，“RKC”是指“俄式壶铃挑战”（Russian Kettlebell Challenge），有RKC标志就表示他是一个被认证的导师。如果带有“Sr.”标记，则意味着这个人是少数的精英级导师之一。

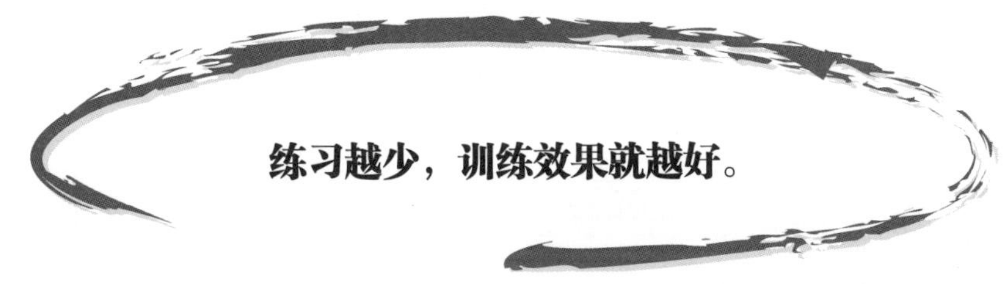

单臂单腿俯卧撑：“一种需要绷紧全身的练习”

请注意，你的肩膀必须与地面平行，你的胸部必须贴近地面，你不可以用脚的两侧，而要用前脚掌支撑自己。

这个练习远比一个特技动作更能令你的朋友印象深刻。

布雷特·琼斯（Brett Jones），精英RKC导师，第一战术力量挑战（First Tactical Strength Challenge）项目冠军，一个全面而强大的家伙——他把单臂单腿俯卧撑称为“一种需要绷紧全身的练习”。你会发现，当你最终征服这个练习时，你不得不用到本书中的全部技巧。因此，它的价值远不止于锻炼上半身负责推力的肌肉。它同样是一种极好的核心区练习，也是一种经过磨炼的技艺，可以用来绷紧你的肌肉以练就超强的力量，并且这种力量可以被自如地运用到其他地方。

“体操训练中最重要的元素之一就是产生身体张力，即绷紧身体，”前体操家布拉

请注意，你的肩膀必须与地面保持平行

这个练习远比一个特技动作更能令你的朋友印象深刻
你的胸部必须贴近地面
你不可以用脚的两侧，而要用前脚掌支撑自己

德·约翰逊在他的一篇发表于龙门网站上的优秀文章中如此写道，“相较于身体的各个部位处在松散集合的状态，当身体绷紧时，体操运动员更容易控制身体的动作，无论是处于静态力量姿势还是处于运动中。当他的身体处于放松状态而非绷紧状态时，要控制体重以完成指定动作会困难得多。这就是游行示威者在抗议时，当警察试图护送或带走他们时，他们会放松自己身体的原因（他们会变得“死沉”）。通过学习和练习这些绷紧的技巧，你会发现，许多高级自重练习都变得易于完成。”

在单臂单腿俯卧撑的练习中，找出一块不发力的肌肉就像中彩票一样难。这可能听起来不像是真的，但事实是，即使是你的背阔肌，也在默默地为你卖力。

单臂单腿俯卧撑的另一个好处就是保障肩部安全。单臂俯卧撑不大可能过度损耗你的肩膀，而普通的俯卧撑经常会。很简单，因为你无法完成那么多次的单臂俯卧撑，尤其是单臂单腿俯卧撑这样的变式。即使训练一整天，你也做不了那么多！

在你能飞之前，你需要先学会走路。所以，请跟随本书中提供的非常详细的说明来训练自己，以完成这项惊人的壮举。

布雷特·琼斯把单臂单腿俯卧撑称为“一种需要绷紧全身的练习”。图片由龙门出版社丹尼斯·阿姆斯特朗（Dennis Armstrong）友情提供

第六章
单腿深蹲训练

这些就是给你的指导，能让你的单腿深蹲从新手级直通大师级。

箱式单腿深蹲

练习方法

单腿深蹲有很多种变式。你需要掌握的第一种变式是箱式单腿深蹲。你需要臀部向后移动坐在一个箱子或凳子上，躯干先向后摆，然后向前摆并单腿站起来。因为安全可靠，箱式单腿深蹲受到很多力量举冠军，如乔治·弗瑞恩（George Frenn）、路易·西蒙斯和尤里·弗明（Yuri Fomin）的称赞。要使深蹲的力量训练效果最大化，只调动股四头肌是不够的，臀肌和腘绳肌也必须最大限度地被动员起来。而实现这种预期的唯一方法就是：通过臀部向后坐的方式（不能直接向下坐）预先拉伸臀部肌肉。如果动作完成得正确，你的小腿将处在几乎与地面垂直的状态，臀部会远远地向后伸出，这个姿势看上去就好像是你正在鞠躬一样。

通过这样的训练，你的下蹲、跳跃、踢腿和冲刺跑所需的力量将得到显著提升，腿部的肌肉会得到全面发展，同时膝关节的压力会大大减轻。

当小腿保持近乎与地面垂直的状态时，髌韧带就不会把膝盖骨压入关节窝中。此外，膝关节还会受到来自后方的腘绳肌产生的张力的进一步保护。这是一个事实：当你按照本书中的要求练习箱式单腿深蹲时，腘绳肌中的股二头肌会一直处于绷紧状态。至少对没有经验的深蹲训练者来说，这种情况在常规深蹲练习中很少见。难怪那

些曾经在常规深蹲训练中撕裂了髌韧带的力量举运动员都喜欢箱式单腿深蹲。他们不仅通过箱式单腿深蹲训练恢复了健康，而且使自身的整体力量获得了质的飞跃——同时没有出现任何新的膝盖问题！

这个单腿深蹲变式如此之好的另一个原因是，它适用于任何力量水平的人。虽然屁股贴地的单腿深蹲比普通的手枪深蹲难度更大，但依靠一个较高的凳子完成的单腿深蹲处于任何人的能力范围之内。随着你逐渐变得强壮，可以逐渐增加下蹲的深度。

身体不出现摇摆，屁股碰到凳子后马上起身是另一种做法。在前倾身体起身之前使身体处于完全放松的状态则是最具挑战性的选择。

更多细节

在距离箱子10厘米左右的地方背对箱子站立。箱子要足够高，让你只能完成标准深蹲幅度四分之一的下蹲。请赤脚或者穿平底鞋，比如查克·泰勒（Chuck Taylors）篮球鞋、摔跤鞋等。穿着长靴练习单腿深蹲是最容易的，所以穿上长靴可能是练习单腿深蹲的很好的起点。花哨的气垫运动鞋不是好选择。单凭经验就能明白：你在鞋子上花费的钱越多，它们就越不适合力量训练。

抬起一条腿，并将其向身体前方伸直，然后下蹲。找到一个平衡点，能够把身体重心放在脚后跟上，并尽可能地把你的屁股向后撅——头脑中想着鞠躬的姿势，而非下蹲的姿势。把双臂伸向身体前方以保持平衡。你可能会发现：手中抓住一个较小的重量，比如5磅（2.3千克）或10磅（4.5千克）的杠铃片，有助于你保持身体平衡。无论手中有没有重量，你的手臂都要尽可能地向前伸，而不能让你的膝盖向前移动。

精英RKC导师罗布·劳伦斯说："在你鞠躬的时候，你的躯干必须尽可能地前倾。如果你不这么做，你就会失去平衡并向后摔倒。想想吧，当你挺直身体站立时，你的身体保持完美的平衡状态。如果你的部分身体向后移动，相应的，你身体的另一部分必须向前移动，否则你会跌倒。

"为了确保你的身体足够前倾，我建议你在下蹲时使你的头部与支撑腿保持在一条直线上。事实上，当你开始下蹲时，你甚至可以盯着位于正下方的脚。因为你并没有像在杠铃深蹲中那样在后背上背负重量，所以向下盯着自己的脚不会有危险。

"你很快就会注意到，如果你的躯干足够前倾，很好地平衡了臀部向后坐的影响，那么你就会成功地蹲下去。如果你的躯干前倾程度不够，你就会向后摔倒。"

大山倍达曾经做过一个与箱式深蹲有关的有趣的物理学展示。他让一个学生坐在椅子上，并用一根手指顶着学生的额头。这位空手道大师指示这名学生站起来，但这名学生无法做到，因为他的重心在双脚后方。请注意这个问题。

你的膝关节绝对不能向内扣，也不能向前伸到脚尖正上方。你的小腿越接近与地面垂直，效果就越好。假想你膝盖以下的部分都陷在了水泥里，或者你穿上了硬质的滑雪靴。如果你必须穿上滑雪靴才能体会到这种感觉，那就把它穿上。

以可控的速度向后坐下，躯干继续后摆直到你直起上半身。然后上半身向前摆动——大幅度地向前摆——爆发式地、毫不犹豫地站起来，但不要使肌肉放松下来，而要全程保持身体绷紧的状态。

你会注意到，在你起身之前的那一刻，你的双脚会产生移动到你身下的趋势。你的股四头肌会在发力过程中占据主导地位，以至于你会下意识地想把所有任务都转移到股四头肌上，从而使处于弱势的腘绳肌和臀肌解脱出来。不要这样做！必要的话，你可以用更高的箱子辅助你完成单腿深蹲的训练。但是，一定要保持小腿与地面垂直的状态，把你的脚"粘"在地面上！

一个有助于保持小腿直立的技巧是，让你的训练伙伴把他的手放在你的膝盖下方2 ~ 5厘米的地方；你的伙伴会通过身体上的接触阻止你的小腿向前移动。

当你站起来的时候，你要确保收缩你的臀肌。“用两半屁股夹住一枚硬币”是不错的提示。再次强调：把身体重心保持在你的脚后跟上。

保罗·安德森式箱式单腿深蹲

用一个较高的箱子练习一组箱式单腿深蹲，在如果继续完成1次或2次就会力竭的时候停下来。先练一条腿，休息1分钟，然后换另一条腿继续练习。你完成的重复次数可以高于5次，这完全没有问题，因为你下蹲的幅度比标准的单腿深蹲的幅度要小得多。

接下来换一个矮几厘米的箱子，继续完成一组，同样在差1次或2次就会力竭的时候停下来。在组间休息时轻微地拉伸髋部屈肌，以防它们绷得过紧出现抽筋。不断降低箱子的高度，直到你能够完成1次单腿深蹲，然后逐渐增高箱子的高度继续训练。按照这样的方式训练，你很快就能掌握单腿深蹲！

空降弓步

空降弓步通常也被称为“虾式深蹲”，是一种经典的、很棒的深蹲变式，它能够帮助你增强腿部力量，更好地练习单腿深蹲。

起始姿势与箱式单腿深蹲基本相同，只是非支撑腿不是在身体前方伸直，而是向后弯曲，使小腿与地面平行。放低身体，支撑腿弯曲，像做弓步时那样，非支撑腿相应向后撤，最终膝盖着地以辅助支撑腿支撑身体。然后，支撑的那只脚用力蹬地推起身体，双臂向前伸以保持身体平衡。非支撑腿的膝盖触地的位置不要距离支撑脚太远。你可以把前面讲到的绷紧身体或者力量呼吸的技巧运用到练习中。

为了降低难度，可以在非支撑腿的膝盖下方放一块木板，这样动作幅度就会减小；相反，如果想要增加难度，可以在支撑脚的下方垫一块木板，这样动作幅度就会增大。

甲板深蹲

接下来演示一种用地面支撑身体的单腿深蹲变式——甲板深蹲。

这种深蹲变式的独特之处在于，当你有控制地下蹲到标准动作的底部时，你不需要保持姿势或者起身，而要顺势坐在地上。然后你的身体继续后仰，双臂向上抬，双脚抬离地面。此时你的身体处在一种较为放松的状态。

然后，你需要使你的身体向前摆回到臀部着地的姿势，同时将撑地的那只脚放到地上，并使小腿与地面垂直。非支撑腿仍在身前保持伸直。接下来是关键。支撑脚用力蹬地，将身体向前、向上推起，回到标准单腿深蹲的底部姿势。因为臀部着地以后身体处于放松的状态，所以你在起身时需要更加用力地蹬地。运用了“静止启动”的方法是这个练习最具挑战的地方。

起始姿势与箱式单腿深蹲相同，一条腿支撑身体，另一条腿在身体前方伸直。身体有控制地下降并向后坐，首先到达标准单腿深蹲的底部姿势，之后继续下蹲，直至臀部着地坐在地上、双脚离开地面。放松身体并停顿片刻。然后身体向前摆，支撑腿重新撑地，非支撑腿在身前伸直。撑地的那只脚用力蹬地（就好像你要把支撑腿拧入地面一样），起身回到标准深蹲的底部姿势。继续站起身体，回到起始姿势。这样就完成了1次重复。为了增大难度，你可以放慢速度完成这个练习。

髋部屈肌

等你熟练掌握了收缩臀部肌肉将身体推起的动作，并适应了用较高的箱子完成深蹲，接下来你需要考虑一些其他的事情了。随着单腿深蹲下蹲幅度的增大，你会注意到，如果你的膝盖没有向前移动，你几乎不可能使大腿下降到低于水平高度几厘米的位置。我相信你在练习杠铃深蹲时遇到过同样的问题。

这没什么大不了的，只需用一个力量举运动员常用的技巧就能解决这个问题：与其在重力作用下自然下蹲，不如主动地利用大腿上方的髋部屈肌把自己向下拉以到达指定位置。仰面躺下，把你的腿拉向胸部，并尽可能地将其拉高，以对抗来自你的训

仰面躺下，把你的腿拉向胸部，并尽可能地将其拉高，以对抗来自你的训练伙伴的微小的阻力

当你下沉身体深蹲的时候尝试找到同样的感觉，那就是你的髋部屈肌把你向下拉时的感觉

练伙伴的微小的阻力。记住这时的感觉，并在下沉身体深蹲的时候尝试找到同样的感觉，那就是你的髋部屈肌把你向下拉时的感觉。

练习单腿深蹲时，处在你的腹部下方、大腿上方的髋部屈肌很容易训练过度！确保在每组练习后拉伸它们，并循序渐进地增加训练量！起初，你的髋部屈肌，即你的大腿上方的肌肉，会出现略微抽筋的症状，尤其是在大腿还在空中的时候。你可以在保持躯干直立的前提下，通过在组间练习弓步或单膝跪地并把髋部向前推的方式拉伸你的髋部屈肌。先按照少量的组数和重复次数安排练习，直到你的身体完全适应、不再出现抽筋的症状——这个阶段可能会持续数周。

平衡性问题

随着你朝地面下蹲的幅度继续增加，你会遇到更多平衡性方面的问题。无论你的手是否抓着重物，要确保把你的手臂努力向前伸，这有助于你在前后方向上保持身体处于平稳状态。如果你的身体柔韧性足够好，那么用一只手或两只手抓住伸直的那条腿的大脚趾是另一种选择。

保持身体左右方向的平衡难度更大。在你开始下蹲之前，收缩支撑腿的臀肌和大腿内侧肌肉会有很大的帮助。收缩臀肌，想象用两半屁股夹住一枚硬币。收缩大腿内收肌，就像拉拉链那样把它们从膝盖上方一直向上“拉进”你的腹股沟里。

在下蹲的过程中，你需要使这些肌肉，以及腿部的其他肌肉，处于绷紧状态，然后你必然能够获得更好的平衡性和更强的力量。除了这种方法，另一个很酷的技巧就是用你的脚趾抓地面。此外，在训练的初始阶段，用你的非支撑腿抵住地面稍微辅助自己也是可以的。但你必须确保自己尽快“断奶”。

收缩臀肌，你要想象用两半屁股夹住一枚硬币

现在，你也许对这些无尽的动作细节感到厌倦了。请保持耐心。首先，你不必立即运用所有的技巧。刚开始训练时，你只需保持小腿与地面垂直即可。随着训练时间的增加，几周之后你就可以在训练中加入新的技巧。相信我，这样做是值得的。进步并非来自复杂的计划，而是来自专注于其中细节的简单的计划。“正确地完成单腿深蹲需要我投入一生的时间，”精英RKC导师罗布·劳伦斯在龙门网站的论坛上说道，“每一分努力都是值得的。”

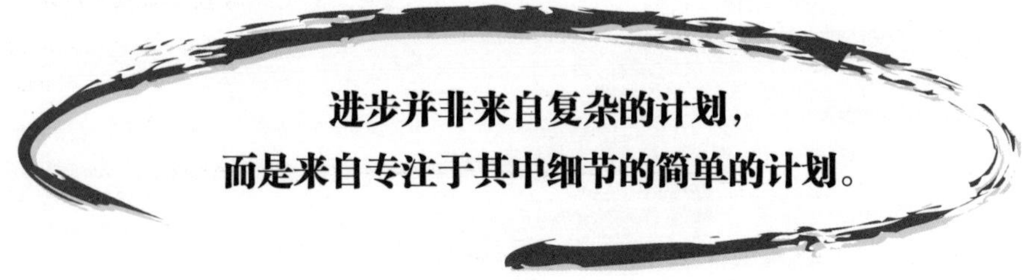

更多细节

你要在身体下蹲的时候或者坐在箱子上的时候吸气。你要在屁股即将离开箱子的瞬间收缩腹部。你的腰部会产生强有力的绷紧感。产生的“气”将流进你的支撑腿中，让你毫不费力地站起来！就我个人而言，我喜欢在做单腿深蹲的时候发出“嘶嘶”的力量呼吸声。但是，这只是一种合理的选择而已。

等你能够下蹲得非常低、已经到达单腿深蹲的最低点时，你要继续向下蹲，直到你的身体向后坐在地上！随着你的上半身向后摆动，发力的那只脚会抬离地面。当你要站起来的时候，你要想象你的脚后跟径直向下用力蹬地。这与跆拳道后踢动作中支撑腿的发力非常相似。至于非支撑腿，你也可以试着把它抬得更高一些，这会使深蹲变得异常艰难。此时的难度是如此之大，以至于会让你觉得普通的、从最低点起身的单腿深蹲简直是小菜一碟！

有些朋友的生理构造不允许他们完成这种屁股坐地式的单腿深蹲。如果你有很好的柔韧性，但依然无法保持身体平衡，就需要抓住一个重物放在自己的身前。

标准单腿深蹲

终于轮到真家伙出场了。臀部后坐下蹲到最低点，然后在没有任何反弹的情况下站起来。说起来容易做起来难。在尝试标准单腿深蹲之前，你需要足够的平衡性和柔韧性，以使自己从容地下蹲到动作的最低点并保持稳定的姿势。刚开始练习的时候，为了保持身体的平衡，你可以抓住一个非常轻的、5~10磅（2.3~4.5千克）的重量，将其远远地拿在自己身前。不要扶着任何其他的东西，那样非常容易作弊！

为了完成标准的单腿深蹲，你要把自己主动拉向地面，就像做甲板深蹲时那样。但是，你不能坐在地面上，而要蹲下来。试着尽可能地保持背部挺直，但是不要期望它真的能够挺直。除非你有生理缺陷，否则在动作的最低点，你的臀部轻微地上提是可以接受的。

要搞清楚“挺直”和“竖直”的区别。因为脚后跟紧贴着地面，此时保持“竖直”状态在生理上是不可能实现的，除非你的身体发生了基因突变，导致你的踝关节柔韧性极大地提高。而我说的保持上半身“挺直”，换句话说就是“不要弓背”。

在最低点要停顿足够长的时间以消除反弹。这样做能使训练变得更难，但也更为安全。接下来收缩你的腹部并爆发式地起身。最后完全站起来。确保通过主动向前推动髋部的方式拉伸你的髋部屈肌。

像之前一样，不要让你的膝关节前移或者内扣！一个能让你学会保持小腿几乎与地面垂直，并使你通过脚后跟发力起身的有效技巧就是站在一片杠铃片上或者是高度相当的物体上完成单腿深蹲。不是运用健美运动员抬高脚后跟的方式完成单腿深蹲，而是让脚掌的后半部分踩在杠铃片上、脚尖悬空在杠铃片外的方式。

一旦你开始作弊，把你的身体重心转移到你的前脚掌上，你的脚尖就会着地，而你就会受到惩罚！

不要让你的膝关节向内扣、踝关节向内旋，或者让你的身体转动。

不要让你的膝关节向内扣、踝关节向内旋，或者让你的身体转动。

让脚掌的后半部分踩在杠铃片上、脚尖悬空在杠铃片外

一位奥林匹克举重运动员的起身技巧

62 岁的硬汉威尔逊（J.D.Wilson）在龙门网站的论坛上发帖说："要在单腿深蹲的最低点获得舒适感。我从加里·瓦伦丁（Gary Valentine）那里偷得这个想法，他在'老派力量训练'网站上发表了一些极棒的观点，是关于学习奥林匹克举重的……你需要在动作最低点练习静态支撑……是否使用负重？如果你不能轻松地、舒适地（使用较小的重量）保持这个姿势，你凭什么认为，当你真正把一个物件（即大重量）抓在手里的时候，你还可以保持在同样的位置？"

"所以，我一直在单腿深蹲的最低点做着同样的训练。事实上，要在最低点保持静态支撑的姿势，我缺乏足够的柔韧性，为了保持这个姿势，我需要用手抓住某个重物伸到身体前方。这是一个糅合了柔韧性和平衡性的动作。一定要练到能够轻松地保持这个姿势才行！"

当你放松身体进入拉伸状态并松口气时，你可以想象你正在把空气和能量（肌肉张力）从髋关节和膝关节挤出去。

加拿大壶铃教练更有力、更平衡地训练单腿深蹲的方法

假使你的手中并没有抓着重物，想象自己抓着一个重物也许是个好主意。"你假装正把一个壶铃抓在手中以保持身体的平衡，" RKC 导师彼得罗·波佐利（Pietro Puzzuoli）在龙门网站的论坛上建议，"这样做能确保你的腹肌和整个上半身保持绷紧，并给你的股四头肌增加额外的张力。同样，不论你是否使用椅子或门这样的辅助物，'抓着'一个想象中的壶铃会迫使你掌握正确的平衡技巧。"

你要记住，使用任何工具做单腿深蹲都会增加受伤的风险。所有细节都必须做得恰到好处，并且不要尝试练习你还没有做好准备的变式！

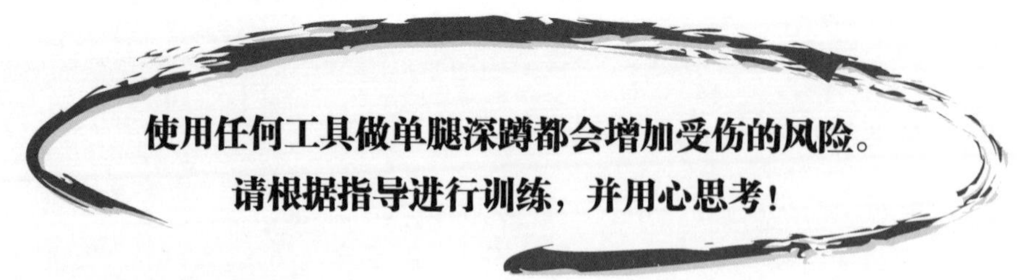

反向自由单腿深蹲

你尝试过纯粹的向心收缩训练吗？那是因为力量训练并不强调反向动作。但是，至少有三个理由让你练习反向动作。第一，在不会增加肌肉块头的前提下仍能增强力量；第二，能够提升训练量并且不会造成过度训练；第三，在增加或维持力量的同时，避免肌肉疼痛并最大限度地加快恢复。能够负重1000磅（453.6千克）深蹲的弗雷德·哈特菲尔德博士向力量举运动员推荐了这种训练方法，以帮助他们在比赛时达到巅峰状态。

用双腿下蹲到最低点

首先双腿下蹲到动作最低点，然后缓慢地向前伸出一条腿。收缩你的腹肌，绷紧你的全身，并用另一条腿站起来。这个练习同样适用于箱式单腿深蹲。

一些膝关节扭伤的朋友喜欢练习反向自由单腿深蹲，因为它对膝关节的压力很小。每当我的膝关节内侧副韧带撕裂的旧伤复发时，我就只练习单腿深蹲的向心收缩阶段（反向动作部分），这样不会产生丝毫疼痛。

你甚至可以把这个变式作为你的单腿深蹲训练的开始。很多人在开始时很难安全地蹲下去，因为他们无法动员自己的髋部屈肌发力，并担心身体会失去平衡而跌倒。虽然这个动作对膝盖有些刺激，但是，一旦你成功地站起身，沿着起身路线再次蹲下去就应该没有问题了。

美国全能举重（All-Around Lifting National）冠军及纪录保持者、RKC导师安迪·科莫尼（Andy Komorny）在龙门网站的论坛上提出了一个简单但很棒的建议，能让你在日常生活中练习箱式单腿深蹲的向心收缩阶段："每次你从椅子上站起身时，用单腿把自己撑起来……保持小腿与地面垂直，并把重心压在脚后跟上。"

低位换腿单腿深蹲

这个练习的大部分与标准的单腿深蹲是相同的，只是在动作到达最低点后，你需要迅速交换双腿，然后站起来。

如果你以右腿为支撑腿完成了单腿深蹲，那么在动作的最低点你要迅速收回在身前伸直的左腿，使左腿与右腿一起支撑身体。这个过渡姿势实际上是双腿版自重深蹲的底部姿势。然后你要左腿撑地，右腿迅速向前伸出，这样就完成了换腿。最后，左脚用力蹬地推起身体。

这个练习对身体的平衡性要求很高。你不仅要靠双臂前伸保持身体前后的平衡，而且在换腿的瞬间还可能需要双臂左右摆动以保持身体左右的平衡。因为换腿的过程中不可避免地存在身体向一侧倾斜的问题，所以你需要尽量快速地完成动作，并注意保持背部的姿势和平衡。想象把力量集中在向前伸的那只脚的脚后跟上并向前踢向某个目标会有帮助。

从正常站距（双脚间距与肩同宽）起始做这个练习比较好。如果你已经可以熟练地完成正常站距的低位换腿单腿深蹲，那么你可以开始尝试窄距版本的练习。双腿版的窄距自重深蹲可以为你的升级提供一些借鉴。

这个练习只适合膝关节健康和腿部力量强大的训练者。

想象把力量集中在向前伸的那只脚的脚后跟上并向前踢向某个目标会有帮助

这个练习只适合膝关节健康和腿部力量强大的训练者

跳跃单腿深蹲

这个练习几乎与标准的单腿深蹲完全相同。你只需要在动作到达最低点后，支撑腿用力蹬地将身体推起后跳离地面。在起身过程中加入爆发性跳起是最简单的。最邪恶的方式是你像做正常的单腿深蹲那样起身，然后略作停顿再起跳，这样可以完全不借助起身时的惯性。

你可以在落地前改变支撑腿，双腿交替完成这个练习。

哥萨克骑兵单腿深蹲

另一种高级单腿深蹲的变式要求你在动作的最低点保持蹲坐姿势，并把一条腿伸向身前保持伸直，然后爆发式地交换双腿。

将你的身体重心保持在脚后跟上！

这个动作若是用前脚掌完成，那就只是一个平衡特技，除此之外什么也不是。用脚后跟完成，它才是一种力量练习。确保你的身体前倾并到达足以保持平衡的位置。

在你交换双腿的同时，发出爆发性的哼声，想象把力量集中在向前伸的那只脚的脚后跟上并向前踢向某个目标。不用说，这个练习只适合膝关节健康和腿部力量强大的训练者。

想象把力量集中在向前
伸的那只脚的脚后跟上
并向前踢向某个目标

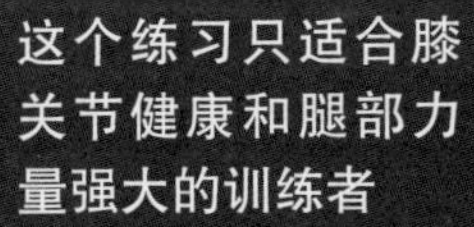
这个练习只适合膝
关节健康和腿部力
量强大的训练者

动态静力式单腿深蹲

好吧，现在你已经能够完成十几次单腿深蹲了，并觉得自己是一个壮汉。请保持谦虚。

下蹲到动作的最低点，在那里停顿几秒，注意不要放松身体。

缓慢地起身，直到支撑腿的大腿与地面平行，再次停顿几秒。浅呼吸，保持身体绷紧，并享受疼痛！

继续起身，使身体上升几厘米，然后重复刚才的做法。以这样的方式继续训练，直到你完全站起来。你会因为成就感忍不住放声大笑，但请保持谦虚。

俄罗斯人更擅长训练而非营销。他们时常发明很酷的技巧，但是经常忘记给它们命名。“动态静力式训练法”就是这样一个例子，它得名于美国体育科学博士迈克尔·伊赛斯（Michael Yessis）。这个方法的本质是在某个发力艰难的位置，用停顿来中断正常的、动态的起身过程。在俄罗斯，这种停顿的标准持续时间是1～5秒，但这并不是一成不变的。整个过程可以有一次或多次停顿，它们都出现在做动作过程中最难发力的位置。

第一种选择是，你可以下蹲到最低点，然后将身体拉起到支撑腿的大腿与地面平行的高度，在那儿暂停几秒。事实上，你在健身房见证的大多数“平行深蹲”都是笑话。徒手斗士会依据力量举的标准定义“平行”：你的膝盖的顶端必须高于你的大腿根部（即大腿的上表面与地面平行）。

第二种选择就是在比平行位置高2～5厘米的位置停顿，这个位置是典型的黏滞点。接下来，如果你是一个真男人的话，那就利用单腿完全站起来。

第三种选择就是下蹲到动作的最低点，并在不放松身体的情况下停顿几秒，然后爆发式地站起来。

在动作过程中安排多次停顿是非常有挑战性的。一位高级自重训练者能够首先在动作的最低点停顿，然后在大腿平行于地面时停顿，最后在大腿高于平行位置2～5厘米的位置停顿。是的，即使一个非常强壮的人（这种人通常会选择大重量器械训练）也可以在不借助任何器械的情况下获得一次高质量的力量训练！

简单的变式也可以用这种方式训练。比如，你可以下蹲到大腿与地面平行的程度，并享受这个姿势带给你的疼痛，然后无须完成一次全幅度的深蹲就站起来。你也许只能停顿1秒，那已经很酷了。动态静力式训练非常灵活，你可以充分运用你的想

徒手斗士会依据力量举的标准定义“平行”：你的膝盖的顶端必须高于你的大腿根部

象力去创造自己的训练方案。

把动态训练与保持身体高度绷紧的、位于黏滞点的停顿训练结合起来，比单独的动态训练或静力训练更有利于增强力量。

一项研究显示：把静力训练加入动态训练中，能将后者的训练效果提高15%！这是很容易确定的，原因至少有三个。

第一，在黏滞点，你可以投入相当长的时间让自己处于全身绷紧的状态之中。相比之下，普通训练都是借助惯性快速起身的。

把动态训练与保持身体高度绷紧的、位于黏滞点的停顿训练结合起来，比单独的动态训练或静力训练更有利于增强力量。

第二，动态的静力训练会帮助你更好地锤炼绷紧身体的技巧。你会情不自禁地、更有力地绷紧身体来移动处于完全静止状态的身体。

第三，这种训练方法可以帮助你增肌。

静力单腿深蹲

纯粹的静力训练也很棒。徒手斗士是运用自身特有的能力来完成这种训练的。与其按照传统方式在每次重复时选择三个不同的大腿高度进行多次肌肉收缩，不如只用一种姿势，即每组练习都仅在动作的最低点进行较长时间的肌肉收缩。

在20世纪70年代，苏联力量专家弗拉基米尔·扎齐奥尔斯基和瑞特森（Raitsin）打破了“只有特定角度的静力训练才能打造力量”的神话。他们同样了解到，只练习拉伸姿势，诸如在单腿深蹲和单臂俯卧撑的最低点拉伸，就能够打造出足以完成整个动作幅度的力量。这能节省时间，朋友！

后来，苏联和西方的研究都揭示了一个惊人的事实：静力收缩的强度并不是非常重要的，每天保持肌肉绷紧的时间才是最重要的。既然如此，“为什么不保持较低强度的肌肉收缩并坚持几分钟的时间呢？”力量训练方面的敏锐男人，比如非凡的力量训练教练杰伊·施罗德（Jay Schroeder）和大力士兼作家斯蒂夫·胡斯塔如此问道。事实的确如此。

停留在单腿深蹲的最低点并坚持几分钟。不要像锻炼你的柔韧性那样只是坐在那儿放松。要用脚稳稳地推地面（回想一下“静力重踏”），但不要过于用力。保持你的腘绳肌绷紧。慢慢地把绷紧肌肉产生的张力增加到最大张力的一半，这个过程可能需要2～3秒。再次强调：保持稳定！如果力量到处乱窜，那你就是在浪费时间。

肌肉收缩强度达到你能做到的最高强度的一半就足够了。你要清楚，50%的强度是指在整个训练组中你都要付出一半力量。它意味着你从一开始就要使用最大力量的50%，并维持不变。当你疲劳的时候，你需要越来越努力地发力以维持这种力量水平，就像举起50% 1 RM的重量做几次练习那样。

接下来逐渐释放肌肉张力。在你力竭之前停止训练，这很重要！如果一开始你只能收缩几秒，不用为此担心，你的实力会逐渐提高。

不要收缩你的非支撑腿，那只会导致髋部屈肌抽筋。把你的非支撑腿的脚后跟放在前方的地面上即可。

尽管此时的肌肉张力未达到你能发挥的最大值，但你仍然必须努力地运用全部的高度绷紧肌肉的技巧（只不过效果要降低一些），并运用你在动态单腿深蹲中使用的技巧。

保持你的腹部绷紧，但是不要屏住呼吸，浅呼吸即可。

你要确保在训练之后拉伸大腿的前侧顶部，因为髋部屈肌是很容易过度训练的。

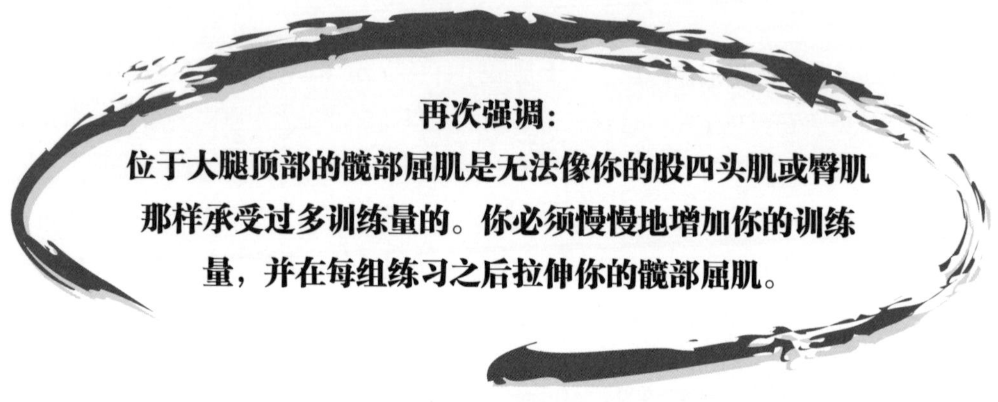

总之，静力训练有很多益处，对动态力量训练也是一个很好的补充。

负重单腿深蹲

除了空降弓步，你可以在练习上面所讲的任何一种变式的时候抓着一个重物放在身前。握持5 ~ 10磅（2.3 ~ 4.5千克）的重量能够通过改善你的平衡使这些单腿深蹲的变式更容易完成，并能够帮助你动员腘绳肌和臀肌发力。自然，重量越大，训练的难度就越高。

把重量置于身前，肘部稍微弯曲。

我喜欢用双手抓住一个壶铃置于身前。你可以即兴抓起各种物品为单腿深蹲提供额外的阻力——可以把这些物品统称为“弹药”。反正我不在乎所谓的纯自重训练失去“纯粹性”。你也应该想开点儿。

无论何地、无论何时，我们的训练仍然是力量训练。而且你能够很方便地随手抓起一个重物为单腿深蹲提供阻力，而不是像做杠铃深蹲那样需要固定的器械。你只需搬起“一箱弹药”或一块岩石就能开始训练了。

如果说，以自身体重作为阻力的单腿深蹲与背角相对更接近垂直的奥林匹克杠铃深蹲相似，那么大重量负重单腿深蹲则更接近于力量举风格的深蹲：你的上半身更为前倾，有时看上去非常像站姿躬身（Good Morning）。相应地，这样的姿势需要腘绳肌甚至下背部肌肉有力地参与。

值得注意的是，你可以用比较小的重量锻炼你的竖脊肌——大多数人会选择重53磅（24.0千克）和72磅（32.7千克）的壶铃。仔细想一想，这是有道理的。抓住壶铃置于你的身前会因为不利的杠杆支点加重你的背部肌肉的负荷。这是个很棒的消息，因为自重训练最为薄弱的环节就是缺乏对下背部肌肉的有效刺激。

自重单腿深蹲与奥林匹克杠铃深蹲相似，背角更接近与地面垂直

大重量负重单腿深蹲更接近于力量举风格的深蹲，上半身更为前倾

注意，负重单腿深蹲允许你的非支撑腿的脚后跟点地进行强制重复训练。但对单纯的自重单腿深蹲来说，这不是个好方法，因为它倾向于使你的膝盖向前移动。

“我相信单腿深蹲绝对是我做过的最了不起的腿部强化练习之一，”“X至尊”丹·韦伯（Dan“X-celsior”Webb）在龙门网站的论坛上强调，“我以前做杠铃深蹲所用的重量超过360磅（163.3千克），但是我不喜欢我的腿变得很粗壮，所以我放弃了大重量杠铃深蹲。我每天做一些负重单腿深蹲，所用壶铃重量分别是36磅（16.3千克）、53磅（24.0千克）和72磅（32.7千克），每个重量练习3次，我现在感觉比以前强壮多了。”

负重单腿深蹲允许你的非支撑腿的脚后跟点地进行强制重复训练

第七章
单臂俯卧撑训练

单臂俯卧撑：地面版和抬高身体版

如果你认为，你一旦能够完成多得不可思议的标准俯卧撑，比如说100次，就能自动地进阶到能够完成单臂俯卧撑的水平，那你的思路已经出现了问题。

坚持很长时间的低强度运动的能力并不能使一个人在一次持续时间较短的、身体高度绷紧的练习中表现出色。此外，单臂俯卧撑还存在很难保持身体平衡的问题。除非进行过专门的训练，否则你不要奢望掌握单臂俯卧撑。

这貌似有点儿自相矛盾，是吧？为了学习如何做单臂俯卧撑，你必须做单臂俯卧撑，但你又不会做单臂俯卧撑……

不要绝望，朋友，你可以练习一种简单的单臂俯卧撑变式，即把手放在长凳上、桌子上或者墙壁上。

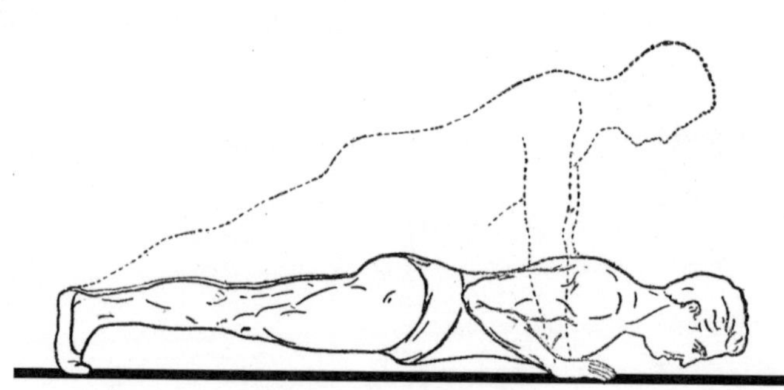

你也可以通过抬高双脚来增加单臂俯卧撑的难度。即使是单腿版的单臂俯卧撑也可以更难一些——需要的话，就抬高你的脚。在做抬高身体（无论用哪种方法）的单臂俯卧撑时使用的技巧与做地面版俯卧撑时相同。下面就是例子。

我们首先要明确，在一个标准的单臂俯卧撑中，肩膀需要平行于地面，同时要用前脚掌而非脚的两侧边缘接触地面，胸部要一直下降到几乎贴到地面。

下面展示的就是标准的单臂俯卧撑。

双脚分开，间距稍比肩宽，同时脚尖指向正下方。把支撑手放在身体中线向外5厘米远的位置，中指指向前方。张开手掌以保持身体平衡，特别注意要把大部分重量集中在手掌根部，尤其是小指下方的一侧。

现在开始做一次单臂俯卧撑。很可能，你的身体如同“不同部位拼凑的一般”，行动不协调。你的下背部会下凹，肩膀和臀部会翘起，就像骆驼的背那样（中间凹陷，两头翘起），而你的非支撑手那侧的肩膀会先抬起来，宣告这一次尝试彻底失败。

重新开始。首先，在你降低胸部贴到桌子、长凳或者墙面之前，你要支撑起你的全身。不要忘记，绷紧肌肉可以使你的身体有力、稳定并受到保护！收缩从支撑手的指尖到脚趾之间的所有肌肉。

动作完美，身体绷紧，降低胸部去贴近地面或者长凳。很可能，要么你在到达动作底部之前就崩溃了，要么你的身体过于弯曲（下背部过于下凹），以至于不知情的人还以为你在练习瑜伽。

下面是完成一次干净利落且完全可控的放低身体的方法。

与其让你的肱三头肌承受体重，不如把胸部向外推，同时主动利用背阔肌把自己拉向地面。这就对了，就像单臂划船那样。你会惊讶于用这种邪恶的俄罗斯方式完成单臂俯卧撑是多么容易，而且你的肩膀立刻停止了抗议。

给腹部加压。你会感受到明显的不同。当然，股四头肌和屁股也必须保持绷紧。

在任何时候都要使你的肩膀远离你的耳朵。运用螺旋的动作下降到地面。不要只是简单地使你的肘部靠近肋骨，要主动地向外旋转肩膀，把胳膊从内向外“拧”进地面里。放低身体时这么做，撑起身体时更要这么做。

确保整组训练中你的肩膀与地面保持平行，尤其是非支撑手一侧的肩膀。如果它不能平行于地面，那就是一次糟糕的训练。

随着你逐渐变得强壮，降低凳子的高度，直到你的手放到地面上，那么你做的就是标准的单臂俯卧撑了。然后，你可以把脚抬高，开始时可以抬离地面5厘米，之后可以逐渐抬得更高。

不抬高脚也可以增加单臂俯卧撑的难度，你只需在脖子上挂上一条铁链或一个沙袋。没有铁链？那就用毛巾把杠铃片包裹起来放进袋子里挂在脖子上。这样不仅比背在背上舒服，而且作用于颈伸肌的压力会给肱三头肌和上背部肌肉带来更多刺激。

在完成俯卧撑和类似的推力训练后，你的手腕给你添麻烦了吗？

只要身体没有问题，你可以通过在组间练习逆向拉伸来减轻不适感。跪在一个相当柔软的表面，比如草地、垫子或地毯上。然后弯曲你的手腕，锁定肘部，并把手放在地上，手掌朝上且手指朝后，身体小心地前倾并拉伸你的手腕 5 秒钟。重复做两组。

随着韧带力量逐渐增强，你可以试着在这种姿势下完成俯卧撑。在俄罗斯特种部队里，队员们称呼它为“鱼鳍俯卧撑”。

还可以让手指相对形成新的变式。无论哪种变化，你都要力争使肘部在动作起始时处于完全伸展的状态。慢慢练吧！

如果你的手腕无法承受标准俯卧撑带来的过度拉伸，这有另外一种练习：用拳头做俯卧撑。它能迫使你的手腕力量变强且不会过度拉伸手腕。同时，整个动作也会变得难度更大，因为动作幅度变大了。难度变大但更安全。就是这样。

在传统武术中，做拳卧撑时，第一和第三指节平行于拳面，第二指节垂直于拳面。开始时你可以用拳头的整个表面做俯卧撑。慢慢来，不要折了你的手腕。

静力单臂俯卧撑

体操运动员和攀岩运动员常常自夸练就了杰出力量。他们的秘密之一就是把动态训练和静力训练结合起来。列昂尼德·拉普申（Leonid Lapshin）是俄罗斯顶尖的登山运动员之一，他是第一个在苏联时期赢得运动大师称号的人，他在登山与攀岩领域内都表现得相当出色，他推荐的动态训练与静力训练的时间比例是70：30。

首先趴下使腹部贴地，然后绷紧全身，用力推身体。虽然你的身体没有真正离开地面，但你的双腿和腰部仍要保持绷紧。你应该感觉身体变轻了，就好像它已经准备好脱离地面一样。

你可能更喜欢把手放在高处训练这些动作，比如一堵墙上。在那种情况下，你需要保持胸部悬空。高级自重训练者即使在地面上用单臂做这个动作，也能让胸部离开地面。

浅呼吸，保持身体绷紧，专注于你的精神与肌肉的连接。寻找力量的“泄漏点”与薄弱点，并通过绷紧肌肉“堵住”这些缺口。找出身体的松懈部分并绷紧，你会感觉自己的身体有如铁板一样坚硬。这种增强力量的技巧是静力训练的众多好处之一。

在训练中要使肌肉处于长时间的、稳定的、接近使用最大力量的绷紧状态。这与静力单腿深蹲使用的技巧是一样的。花点时间训练这种技巧，直至你可以坚持1分钟甚至更久。从坚持几秒钟开始练起是完全可以的。

高级自重训练者即使在地面上用单臂做这个动作，也能让胸部离开地面

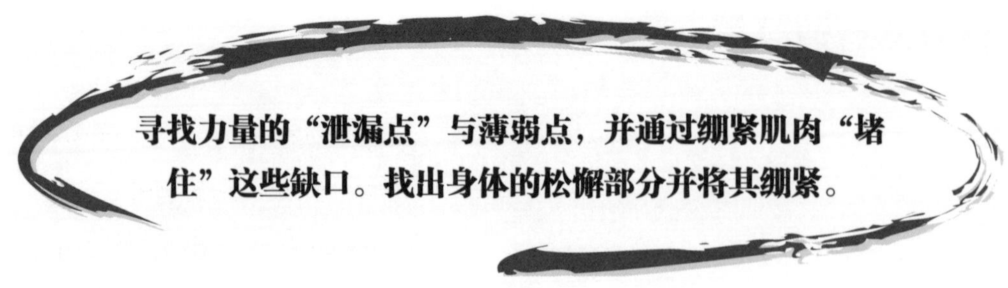

寻找力量的“泄漏点”与薄弱点，并通过绷紧肌肉“堵住”这些缺口。找出身体的松懈部分并将其绷紧。

单臂俯冲轰炸机俯卧撑

练习这种海豹突击队最喜爱的邪恶俯卧撑变式，你的身体需要成一定角度下降而非垂直下降，要从假想的栏栅下挤过去，并以单臂眼镜蛇的动作结束。

然后反向动作。不要像做印度俯卧撑那样用直臂把自己推回去，要再次从栏栅下挤过去！这个练习非常容易出现作弊的情况——削减动作幅度和不按照弧线路径移动身体——千万不要这么做！

我敢打赌，你第一次尝试肯定会失败。你需要一个合理的、循序渐进的训练策略，而它就在这里。

身体要从假想的栏栅下挤过去，
并以单臂眼镜蛇的动作结束

不要像做印度俯卧撑那样
用直臂把自己推回去，要
再次从栏栅下挤过去

单臂泵

把你的手放在地面上并张开手掌，你的支撑手一侧的手臂大概与肩膀在一条直线上，另一只手放在背后。保持手臂伸直，然后从下图的动作开始……

……经过这个动作……

……到达这个姿势……

……然后反向动作做回去。

这个训练被称为“prokachka”——在俄语中大致翻译成“泵”——它能帮助你掌握适当的平衡以训练单臂俯冲轰炸机俯卧撑。

用背阔肌向下拉，用三角肌向上推，同时绷紧你的腋窝。

为了找到最佳姿势，不要害怕移动你的脚或手。

单臂半轰炸机俯卧撑

从标准的折刀姿势起始，如同一颗正在着陆的炸弹一般，以一定的角度放低身体，直到你的胸部几乎贴到地面、你的肘部完全弯曲并内收贴于胸廓的一侧。

你至少要做到这种程度。

用力向后推身体，不是径直地推起身体，而是要再次以一定的角度把身体推起来。这个练习中推起身体的路径与实力举中杠铃的运动路径相同。

给你一些保障自身安全的建议。不要采用两脚间距宽得离谱的姿势，不要让踝关节向内旋或向内扣——你很容易这样做。你是用脚尖支撑身体，你的踝关节应该几乎垂直于地面。问问你的按摩师，为什么这样做很重要。

你有必要使肩膀远离你的耳朵，并向后推起身体！你同样有必要保持肘部紧贴在你的身侧。仔细想一下，如果不这样做的话，这个动作根本不可能做出来。

主动地完成反向动作并加入手臂的螺旋运动就可以兼顾以上两点。

另外三种帮助你进阶到单臂俯冲轰炸机俯卧撑的练习

从“栏栅”下挤过去确实很难，相当难。

双臂单腿式俯冲轰炸机俯卧撑能够帮助你。

把非支撑手放在支撑手的手背上，这种变式也能提供一些帮助。

还有一个很好的辅助练习，即部分幅度（每次把身体抬高几厘米）双臂俯冲轰炸机俯卧撑，这个练习是从底部支撑点起始的。

记住，在完成动作的过程中，你要想象把肩膀拧进它们的关节窝里。

当身体前倾时，你要想象“用肱三头肌向下推”；当身体向后回到原来的位置时，你要想象在完成“实力举”。

单臂单腿俯卧撑

最终，我们来看看单臂俯卧撑中的“帝皇”。

相关的动作说明与标准单臂俯卧撑的动作说明基本相同，但是有额外的两点注意事项。

第一，绷紧身体使其坚硬如铁，通过移动支撑手和支撑脚以及非支撑腿来找到身体的平衡点。

除非你收缩全身的肌肉，并且形成一条紧绷的“动力线”（按照片所示，就是从左脚脚尖经过钢铁般坚硬的腹部，到达处于收缩状态的右侧背阔肌，并一直延伸到右手指尖），否则你的身体就会摇摇欲坠。坚持绷紧肌肉的训练，你就会找到其中的窍门。

绷紧身体使其坚硬如铁，通过移动支撑手和支撑脚以及非支撑腿来找到身体的平衡点

第二，千万不要考虑用脚掌边缘承受你的体重，那是在作弊！

再次强调，在练习中，你需要保持你的发力手、你的支撑腿以及下腹部严格处在一条直线上。再次引用中山正敏的话，“绷紧腹部正面和侧面的肌肉就能够将骨盆和肩膀连接起来。稳固的骨盆和大腿上功能互补的肌群协同发挥作用有助于形成强力的动作和稳定的姿势。这种强力的基础为完成动作提供了支持，并使髋部力量向手臂的高效传递成为可能。”

享受疼痛吧！

千万不要考虑用脚掌边缘承受你的体重，那是在作弊

第八章
自重训练常见问题

自重训练与重量训练

自重训练与重量训练孰优孰劣

没有哪种训练是最好的。各种类型的阻力都有优点和缺点。我们会在这里对最常见的阻力形式进行比较。

自身体重

徒手体操的优点首先在于它的易得性。关于体操的自然属性，我能给你提供一番非科学的说教，或者是关于开放式和封闭式动力链的伪科学言论，但我不会这么做。事实上，自重力量训练的主要优点在于你能随时随地用它锻炼。

徒手体操会迫使训练者保持合适的体重和健康的身体组成。在你熟练掌握卧推之前，你可能已经吃出心脏病发作的风险了。但这种情况却不会出现在单臂俯卧撑的练习过程中。因为高难度的自重练习需要自重训练者具备相当高的力量-体重比才能够完成。

自重训练的最大缺点就是，这种方法不能让训练者做出全身性的拉力运动，诸如硬拉、抓举或挺举这样的练习。这些练习在大多数运动的训练中都是作为基础练习被使用的。尽管你能够使用桥、山羊挺身和俯卧直腿上摆等练习锻炼身体后链的肌肉，但训练肌肉和训练动作是完全不同的两件事。

权威的《俄罗斯拳击年鉴》（*Russian Boxing Yearbook*）推荐使用等同于拳击手体重的重量练习爆发式抓举。弗兰克·沙姆罗克（Frank Shamrock）概括说："翻举的作用在于它能够练就从脚尖开始向上的爆发力，而脚尖真的是我们在综合格斗（Mixed Martial Arts，简称MMA）中发力的起点。所有发力过程都是从脚尖开始，然后扩展到双手指尖的。这更像是一种连锁反应。如果你能够绷紧身体并把这种能量爆发出来，你就能将其集中到其他地方。你的身体会记住这种运动模式并通过这种运动变得更强壮。这与出拳的原理非常相似。"

杠铃

杠铃允许你举起很大的重量，这很有趣。没有什么比完成一次杠铃杆被压弯的硬拉更令人振奋的了。

除了能让你像公牛一样强壮，杠铃真正的优点在于能够精准地配备阻力。你能够很容易地指定一个重量，比如，单次最大重量（1 RM）的82.5%的重量。为什么这一点很重要？因为它能为你安排一个力量训练周期：在一个多周的训练计划里设定精确的训练重量，并伴随着创造一个个人力量纪录而结束。这样的训练周期非常容易实现并且非常高效。

用杠铃建立的这种训练周期，用其他传统类型的阻力是无法实现的。哑铃即使只以5磅（2.3千克）的增幅递增，也达不到这样的精度。比如，从20磅（9.1千克）增加到25磅（11.3千克），增幅高达25%！而壶铃是被特意设计出来满足大跨度增幅的重量训练的。最后，自重训练同样不能达到杠铃那样的调节精度，以精确改变作用于身体的杠杆效应。

哑铃

哑铃对稳定性的要求更高，相比杠铃，它更有助于让身体两侧获得同等强度的训练。使用哑铃的缺点就是你需要大量的哑铃，这既花钱又占空间。使用可调节的挂片式哑铃是个不错的选择，但你要确保从信誉良好的供应商那里购买。你绝不会希望它们掉下来砸到你的头！

哑铃并不适合做一些有价值的训练。例如，一个强壮的训练者很难用哑铃获得一次高质量的腿部训练。哑铃没有足够的重量可以练习硬拉；练习前深蹲的话，哑铃又不能架到肩上；做单腿深蹲时，它们也不能被舒服地抓在手中。

壶铃

我还没见过哪个硬汉在尝试过壶铃之后不相信壶铃是训练力量和体能的终极工具的。RKC导师、希腊–罗马式摔跤（Greco-Roman Wrestling）的奥运会银牌获得者丹尼斯・科斯洛夫斯基（Dennis Koslowski）博士，他干脆说道："壶铃训练就像举重训练乘以10倍……如果我能够在20世纪80年代早期遇到帕维尔，我也许已经赢得2枚奥运会金牌了。我是认真的。"

壶铃的设计，就是一个居于中心的实心球体加上一个用来移动它的粗大把手，这使得壶铃具有多种独特的优势。一个厚重而光滑的把手与许多练习具有的冲击性结合起来，能够锻造出铁钳般的握力和铁腕。"壶铃前臂"（通过壶铃锻炼形成的强壮有力的前臂）名单上的练习都是自下而上的翻举以及类似的练习。壶铃的这种偏心设计能够使肩膀的力量、健康度和柔韧性最大化。

把手的位置还允许壶铃在双手之间动态传递以做出各种各样的令人震撼的杂技类动作。壶铃训练与常规的直线运动不同，它们能够在多个平面上发展动态的力量并预防身体受伤。

壶铃训练的另一个好处是：你不需要可调节重量的器械或大量配重。壶铃已经演变为可以通过其他手段提供递增阻力的工具了。以深蹲为例，你可以通过抓着壶铃的"两角"把它放在你的肩胛骨之间（这个动作用哑铃无法做出）练习后深蹲，可以把壶铃抓在胸前练习前深蹲（用哑铃做不了前深蹲，用杠铃的话对手腕是个极大的挑战），你可以抓住壶铃把它放在你的下背部（对应腰椎的部分）练习哈克深蹲（又一次，这个动作用哑铃做不了），你还可以抓着壶铃的"两角"把它放到自己身前练习单腿深蹲。最后，一个极其强壮的训练者能够把壶铃架在身前完成单腿前深蹲。

因此，壶铃能为发展腿部力量提供强有力的方法——根本无须昂贵的且占用空间的杠铃还有深蹲架。因此，壶铃已经成为"特种部队的低门槛/高回报的力量训练解决方案"。

最后一个观点：你的运动专项的特异性也许会决定你首要选择的阻力类型。例如，一个体操运动员必须强调自重训练，而一个力量举运动员必须通过举起杠铃完成训练。

对自重训练与重量训练的进一步探讨

武术界为何存在激烈的争论

因为很多人把阻力的来源这个问题与训练设计混淆了：组数、重复次数、休息时间、节奏，等等。

在这种毫无意义的争论背景下，力量举与用芭比哑铃完成的高重复次数的肱三头肌俯身臂屈伸出于同样的误解被归入到“器械训练”的范畴。“自重训练”这个词同样被误解了，认为在动作最低点停顿1秒的单腿深蹲与印度深蹲对你的身体有着完全不同的效果是毫无道理的。这完全是苹果与橘子的问题。单腿深蹲的效果非常接近于杠铃深蹲——确切地说，是那种大负重、低重复次数的杠铃深蹲比高重复次数的印度深蹲效果更好。

关键在于，不要在阻力来源问题上钻牛角尖。你应该专注于训练目标。一个格斗家不同于一个力量举运动员或一个长跑选手，他需要不同类型的、兼顾力量和耐力的训练。

如果你见到一个力量举运动员在垫子或吊环上喘气，这并不意味着杠铃或者大重量训练不适合一个格斗家。它们不过是力量和体能游戏中的一部分，力量举运动员忽略了其他部分并专注于训练力量、耐力、技巧等要素中的一种或多种。雅科夫·佐布宁（Yakov Zobnin）是极真（Kyokushinkai）空手道的重量级世界冠军，被誉为“世界最强的空手道大师”。他在任何力量举比赛中都能深蹲近500磅（226.8千克）的重量，且下蹲得足够深并获得裁判的白灯过关。但是，他同样能够刷爆25个标准的引体向上并训练爆发式俯卧撑。

起码你要知道：关于重量训练与自重训练谁更有效的争论根本就是浪费口舌。你需要做的是：根据你的风格确定不同的力量训练类型，然后选择适合你的阻力类型去锻炼力量。你要按照本书概括的低重复次数、高肌肉张力和最大化力量的方法完成训练。此外，你可以根据自己的专项需要做一些爆发性训练和耐力训练。

纯粹的自重训练能使我变得非常强壮吗

这取决于你期待的“强壮”是什么。如果你的目标是成为引体向上大师或者完成俄式挺身，那么答案是：能。这完全可以通过纯粹的自重训练做到（尽管使用额外的阻力可以加速进步）。如果你的目标是赢得举重比赛，那么答案是：不能。如果是为了练习武术，你可以尝试把徒手体操和壶铃训练结合起来。

可以在训练中混合使用不同的力量训练工具吗

RKC导师伊桑·里夫（Ethan Reeve）是北卡罗来纳州维克森林大学（WakeForest University）的力量和体能训练总教练，他让他的运动员充分利用自身体重、壶铃、杠铃和许多其他的力量训练工具完成训练。所以说真的，你也可以在你的训练中混合使用不同的力量训练工具。

真正的问题是，你具备里夫教练的知识和经验吗？不，你不具备。并且即使你具备，你也不可能总有机会进入拥有所有这些训练工具的训练机构中。这完全变成了另一个问题，不是吗？

训练内容越少，你就越不容易在训练过程中抛锚。想想AK-47。这是一种简单、易操作的枪械，但就是好用（而且远不止于此）。

这么多硬汉坚持壶铃训练并选择了力量体操——比如杰夫·马尔托内和迈克·马勒（Mike Mahler）——当然是有原因的。如果你训练是为了格斗，无论是在赛场上还是在战争中，壶铃训练和力量体操都是你需要的。

如何把自重训练和壶铃及杠铃训练结合起来

再说一遍，不要总想着阻力的类型，要考虑你的力量训练目标。

例如，击掌俯卧撑、低次数的壶铃抓举和上抛、杠铃力量翻，它们都属于训练爆发性力量的练习，应该结合在一起训练。单臂俯卧撑、硬拉、自下而上的壶铃提举，它们都是训练最大力量的练习。最后，多次重复的俯卧撑、壶铃抓举、20次重复的杠铃深蹲，它们都是训练力量耐力的练习。

把你的训练相应地分组。训练的首要原则是从爆发式训练过渡到最大力量训练，最后进入到多次重复的训练。你可以在一次训练中把这些全部练一遍，或者在一整周的时间内把这些内容训练一遍。

只做两种练习，会不平衡吗

如果你遵从指导训练，那是不太可能出现的。只要动作标准，单腿深蹲和单臂俯卧撑能够训练到你身体上的大多数主要肌群。如果运用了螺旋技巧，甚至你的背阔肌也会得到有效锻炼。如果你在单臂俯卧撑中收缩腹肌并为身体提供稳固支撑的话，你的腹肌也会得到有力地锻炼。

唯一缺乏锻炼的区域是小腿、下背部、斜方肌和前臂。这些区域（小腿除外）能够通过杠铃硬拉或者壶铃抓举得到强化。至于小腿，跳绳就可以解决它的锻炼问题。

当没有器械可用时，有没有一种拉力练习能训练背阔肌

有。让我介绍两种极好的、能在任何地方、任何时间完成的练习，我是从两名世界武术冠军那里学来的。

首先是“门上引体向上”。这种方法是专业跆拳道的传奇人物“超级脚”比尔·华莱士发明的。你所需要的就是一扇能够承受你的体重的足够牢固的门以及足够高的天花板（防止碰到你的头）。如果你实在太傻，跑到一家廉价旅馆做门上引体向上，把门扯下来的同时还摔到了自己，那就是你的问题了。

打开门并悬挂在上面，双手间距与肩同宽，膝关节弯曲以保证双脚离开地面。你也许需要在门的顶部搭上一条毛巾。收缩臀部使髋部贴近门板，然后把自己拉起来。

你会发现，你的背阔肌被迫更努力地参与其中，因为你的肘部被压在了门板上，肘部屈肌能够借助的杠杆效应降至最低限度。你的膝盖和门板之间的摩擦力会迫使你的背阔肌更加努力地发力。虽然引体向上的反向阶段会很容易，但你不可能任由身体下落。

另一种方式就是，你可以在墙壁或者栅栏上这样训练。

关于高度绷紧的技巧和GTG

绷紧的技巧和GTG能运用到器械训练中吗

你猜对了！高度绷紧身体的技巧能够运用到各种高水平的力量训练中。

如果你能整天使用器械，那么GTG的运用同前面一样。但是，除非你是一名健身房会员，有使用器械的福利，否则不太可能天天有机会使用器械。但你可以带着你的壶铃去工作，并在单腿深蹲加单臂俯卧撑的混合训练中加入壶铃抓举。

GTG能运用到耐力训练中吗

能。当你使用GTG训练耐力的时候，你使用的次数大概是你能够完成的最高次数的一半，并且你需要把高度绷紧肌肉的技巧运用到你的最后一次重复中。

这本书的技巧是不是讲得太多了

当有人告诉保加利亚的举重教练安吉尔·斯帕索夫（Angel Spassov）说他的训练“不寻常”时，教练打趣道：“谁想变得寻常？我们选择超乎寻常。”

这与本书的训练计划是一样的。典型的力量训练书籍对发力技巧不屑一顾，并告诉你“强调反向动作、不要猛拉、不要拱起身体、身体下降时吸气，上升时呼气”。这些要点可能很容易记住，但照此练习你只能得到一些皮毛。用武术做个类比，那就像把寸拳解释为“从一寸远的距离出拳”。你能做出来吗？祝你好运！

使力量的生成最大化的方法既是一门科学也是一门艺术。除了少数天赋极高的超级运动员能“轻而易举”地达成目标，更多的顶尖运动员是通过不懈地磨炼他们的技巧而达至巅峰的。卧推世界冠军乔治·哈尔伯特说，他花费了13年时间才弄明白肱三头肌在卧推中的真正作用。如果你不愿意在你的力量训练中投入这种程度的关注和耐心，那么就满足于当个虚弱的人吧。

在某种紧急情况下，我会忘记所有的力量技巧吗

“在压力下，我们会还原训练的成果。”这是美国军事与执法部门的一条格言。如果你已经把正确的动作练习了很多遍，那么当你的肾上腺素激增时，你会自动做出正确的事。也可能是错误的事，这取决于你的训练状况。

RKC导师提姆·拉金（Tim Larkin）曾是服务于主管海豹突击队的美国海军上将的原特种作战情报官（Special Warfare Intelligence Officer），现在是一位面向特种部队和平民的徒手格斗教练。他喜欢讲一个故事，是关于一个有着洁癖的靶场安全官的故事。这个安全官厌恶射击结束后他的干净的靶场周围落满弹壳的样子。他坚持要求警员们在射击训练时把打掉的弹壳从左轮手枪里拿出来并放入他们的口袋里。结果，在一次执勤交火中，2名警察被杀了。猜猜发生了什么？调查发现，他们的手放在他们的口袋里并且抓着空弹壳。如果扔掉这些弹壳，他们就能活下来。

同理，如果训练了正确的填装子弹的步骤，那么这种动作同样会在生死存亡之际“还原”出来。如果你有意识地把任何动作训练了足够多的次数，它就会变成无意识的动作。

同样的，通过勤奋的训练，高度绷紧身体的技巧能够被深深地刻印在你的脊神经中。只要进行足够的训练，你的腹肌也会在需要的时候自动绷紧。这个原理，连同本书中的其他原理，已经被一代又一代的武术家们运用和传承。

如何避免过度训练

每隔一天使用GTG法训练一次。另一种方法就是连续训练几天，然后当疲劳开始累积时休息一天。

能一直用GTG做基础训练吗

可以。但是，你最好加入一种拉力主项练习，比如杠铃硬拉、翻举或者壶铃抓举。以GTG的模式训练，这些练习不需要天天做。你可以使用更常规的训练计划单独练习每一种，比如说：每周训练两次，每次以5组×5次重复的方式训练。

能在自重训练计划中加入更多练习吗

使用GTG最好不要安排两种以上没有关联的练习，但是你可以加入一些与单腿深蹲和单臂俯卧撑关联程度不是太高的练习。比如，硬拉或者引体向上。卧推就不推荐了。倒立撑与俯卧撑相仿，它能在一个不同的平面上锻炼很多单臂俯卧撑中用到的肌肉。你可以尝试一下，看看会发生什么。

你的其他力量训练也应该简单明了，无论是使用自身体重还是自由重量，只需每周训练2～3次，每次完成5组×5次重复的训练即可。你要意识到：你在每天的训练中加入的动作越多，你就越可能训练过度。

低重复次数且不力竭？这种训练太容易了

不要抱怨高度绷紧肌肉的训练不能锻炼意志力。这不是这种训练的目的。它的目标高度集中在力量上。

但是，如果你正在寻找训练意志力的课程，那么，当你做完力量训练之后，你可以做几组高重复次数的壶铃抓举来测试自己。“这是我一生中做过的最难的事。”一名海军侦察兵和他的队友在训练过俄式壶铃之后如此说道。如果你认为你很顽强，你也可以试试。你会因为难以坚持而希望自己去死的。

在哪儿可以学到更多的纯自重力量训练内容

龙门网站和《帕维尔的力量》（*Power by Pavel*）电子报都有许多免费的训练知识。

下面一篇文章就是一个训练建议的例子，节选自我的电子报——

RKC导师约翰·杜·凯恩是英文版《五禽戏》（*The Five Animal Frolics*）的作

者，他向我示范了“面墙深蹲”。这个练习是自重深蹲的一种变式，深受中国气功练习者的喜爱。除了有益健康，它还能教给你如何锁定下背部，并像一名力量举高手那样绷紧下背部肌肉，然后在起身的过程中逐渐放松下背部。

面对墙壁，站立在距离墙壁10厘米左右的位置，手臂自然下垂，就好像你要做一次硬拉那样。保持你的双脚相互平行并彼此靠近。开始向下蹲，你要尽可能蹲得低一些，试着做到全幅度深蹲的程度。你必须尽可能地靠近墙壁站立，你的额头应该是几乎贴着墙面下降的。当你的臀部几乎要与地面平行的时候，你的下背部将会发生一些有趣的事，你会体验到的。

如果你自认为很强壮，不妨用单腿深蹲挑战自己：站在墙角处，让支撑腿的膝盖和你的头被墙壁阻挡，同时非支撑腿可以在角落里自由伸直。

最后的建议：不要找借口

苏伦·博格达萨罗夫（Suren Bogdasarov）是一名苏联军官，也是传奇的举重冠军尤里·弗拉索夫的教练，他曾于20世纪70年末期至80年代早期致力在武装部队里推动力量训练的发展。在一支部队里，他听到有人抱怨说没有合适的器械。

“我搬了两把椅子，”伟大的教练回忆说，“然后把它们放下来并让椅背相对，间距与肩同宽。然后我开始在椅背上练习屈臂撑……做完8~10次后，我开始训练腹部。我把双腿伸直并抬到与我的肩膀一样的高度，然后放低，保持L形姿势。之后我爬上椅子，开始练习单腿深蹲。做完之后，我从椅子上下来，开始练习跳跃版的‘站姿躬身’。这个练习需要身体首先向前弯曲，接着向后站直，最后跳起来。做完这一切，我向他们展示了更多的自重练习。”

博格达萨罗夫也是一个对自由重量（举重）着迷的男人，他决不会放弃举起杠铃和壶铃。但是，他更加痴迷于力量。并且，当他心爱的大重量金属器械不在身边时，他是不会安定下来什么都不做的。这位徒手斗士说道：“一个人必须擅长使用他能够支配的任何手段，而不是等待上天的恩赐。”

第三卷 杠铃训练

杠铃训练最大的优点在于能够精准地配备阻力。为什么这一点很重要？因为它能为你安排一个力量训练周期：在一个多周的训练计划里设定精确的训练重量，并伴随着创造新的个人纪录而结束。这样高效的训练周期用其他传统类型的阻力是无法实现的。

同时，杠铃训练可以弥补自重训练的不足，为训练者提供诸如硬拉、抓举或挺举这样的全身性拉力练习。这些练习在大多数运动的训练中都是作为基础练习被使用的。

与自重训练一样，记得在杠铃训练中贯彻前文讲述的力量技巧，你会感觉到不同的。力量与你同在！

45
LBS
STANDARD
20.4
KGS

第九章 杠铃训练准则

杠铃力量训练要求

高肌肉张力的杠铃力量训练包含5个关键条件：

1. 运动速度慢；
2. 无论使用何种重量，都要最大限度地绷紧肌肉；
3. 至少要在部分训练中使用1 RM的85%～95%的重量训练；
4. 尽可能地避免力竭；
5. 充分利用各种神经反射效应。

1. 动作速度慢

缓慢地抬起和放下熨斗是你的正常生理反应。

20世纪20年代，一位名叫希尔的科学家发现，力量/肌肉张力会随着运动速度的增加而迅速下降：由于各种机械和神经原因，肌肉在快速收缩时，无法全力以赴。这就是为什么来自“快速”运动项目的运动员必须立足于他们所能输出的那一小部分力量。当你投掷棒球时，投掷动作是瞬间完成的，你没有足够长的时间去完成它，以显示真正的肌肉力量。

来自近乎静态运动项目的运动员，例如举重运动员、摔跤运动员，以及体操运动员，他们的动作非常缓慢，因此他们可以最大限度地发挥出自己的力量。可以看一场摔跤比赛获得直观的感受。两只长满老茧的手陷入了僵局。双方都不让步。在这种身体速度为零的情况下，运动员前臂的20多块肌肉轮廓分明地呈现出来，线条清晰，看起来就好像失去了皮肤的覆盖一样。因为在慢速动作下，运动员有足够的时间充分绷紧肌肉，从而展现出惊人的力量！

2. 无论使用何种重量，都要最大限度地绷紧肌肉

绷紧肌肉，就像你正在试图举起创纪录的重量那样，即使你手中的只是一把扫帚，也能教会你最大限度地绷紧肌肉的技巧。事后你回忆起来，这正是让你变得非常有力的原因。这种练习在一定程度上解释了武术大师的力量壮举：劈碎砖块，化解对手的全力一击，等等。几个世纪以来，空手道大师一直在训练一种名为“三正拳”的特殊练习，其中涉及肌肉的最大动态张力。

3. 至少要在部分训练中使用1 RM的85%～95%的重量训练

那么，你可能会问，如果我可以用扫帚训练，或者无负重训练，就像查尔斯·阿特拉斯那样，为什么我还要使用较大的重量呢？

原因有3个。

第一，你的脊椎、关节和肌腱必须适应真正的压力。当一个只做过动态张力训练的人试图举起大重量时，他全身的各种传感器会向脊髓报警，要求停下来，因为它们认为，当前的负荷很危险。当肌肉在过重的杠铃下颤抖，然后崩溃时，这是这些机械感受器的职责，它们控制着力量的输出。武术大师理解这一点，所以他们不仅做动态张力训练，还会通过击打和打破各种物体，帮助身体适应外来压力。

第二，大多数人需要实时的阻力感，才能熟练地做到高度绷紧肌肉。澳大利亚运动生理学家观察到，肌肉收缩实际上是由肌肉响应负荷刺激后所产生的电化学信号引起的。例如，让一个没有处于举重状态的人收缩腹内斜肌，即使你给他一本解剖图谱，他还是不知道该如何做。一个具体的练习，以及正确对齐的阻力，却可以教会他该如何做。

第三，就是所谓的亨内曼尺寸原理（Henneman′s Size Prrnciple）。该原理指出，通常情况下，需要处理的负荷越重，肌肉的动员或收缩程度越大。在追求力量的过程中，安排适量的大重量训练是不可或缺的。

强大的亚瑟·萨克森（Arthur Saxon）在马戏团时经常表演这种特技。图中他的两个兄弟的体重远远超过 300 磅（136.1 千克）。他每天做屈弓单臂推举，用一只胳膊把他们举过头顶，没有任何问题。“屈弓单臂推举”是本书中侧向推举的极限版本。照片来自伊尔勒·李德曼

想理解大重量训练的必要性，还需要了解训练强度的概念。力量训练强度的唯一科学定义是1 RM的百分比。

众多的研究都清楚地表明，相比力竭或高重复次数，肌肉张力或重量才是解开力量谜题的关键！换言之，如果你想变得更强壮，就必须突破现有的训练重量或肌肉张力的极限。这才是力量训练的准则。

现代神经科学为我们提供了一系列非常简单的技术，这些技术可以立即对你的力量输出产生积极影响。

4. 尽可能地避免力竭

肌肉的高度疲劳和高度绷紧是相互排斥的。当你的肌肉、精神和心肺系统疲劳时，你是无法输出很多力量的。你可以在一组俯卧撑或5英里（8千米）跑步后，试着做一次大重量卧推，看看会发生什么！一个基于神经通路强化的有效的力量训练计划会通过减少每组训练的重复次数、增加组间休息时间、缩短训练时长，以及其他类似的举措，最大限度地减少各种疲劳。

从尤金·山道到尤里·弗拉索夫，世界上最强壮的男人几乎从不会训练至力竭！老派举重运动员也很少训练到极限或力竭状态。

既然如此，你为什么还要训练至力竭呢？即使无意创造举重纪录，使用最有效的力量训练方法也是有意义的，毕竟，它比“力竭式的训练”少了很多痛苦。

训练肌肉至力竭是完全没有必要的，那样只会适得其反！半个世纪以来，神经科学家已经研究得很清楚，如果刺激神经通路，比如与卧推相关的神经通路，那么由于赫布定律的存在，未来的卧推就会变得更加容易。结果是积极的，通路已经得到了“润滑”，下一次同样程度的神经刺激可以帮助训练者推起更大的重量。这才是成功的训练！

反之亦然。如果你的身体不能执行大脑的命令，神经通路就会“堵塞”，你像往常一样用力卧推，但肌肉的收缩程度会比以前更弱！套用力量举冠军特里·托德博士的话，训练到力竭就意味着训练失败。

力量只与正确的训练方式共存。

增强力量最明智的方法是举起更大的重量，并在肌肉力竭之前终止训练组。用你本可以完成5次重复的重量做3次训练比全力做10次重复更安全、更有效。力量与你同在！

5. 充分利用各种神经反射效应

在任何时候，精神层面的改变都要比身体层面的改变具有更大的可能性和变化幅度。一个上了岁数的空手道大师可以徒手把一堆砖劈成两半，一个年轻的健美运动员可能会因此把自己送进急诊室。现代神经科学为我们提供了一系列非常简单的技术，这些技术可以立即对你的力量输出产生积极影响。

这些内容在前文已有详细的解释。现在，你只需记住，力量是你输出力的能力。学会更用力地绷紧肌肉，你就会变得越来越强壮，同时无须担心肌肉体积的增加。放心，你是不会变成大块头的。

绷紧！握紧！再紧一些！

绷紧，或者说重量，是游戏的名称。你输出的力量越大，你就会越强壮、越有力！握紧拳头，你感觉哪个部位绷紧了？前臂肌肉和肱二头肌，对吧？握得更紧一些，到指节发白的程度！你有感觉到肩膀，甚至胸部的肌肉也在收缩吗？

从技术上讲，只有前臂的手指屈肌参与了握拳。但实际上，当对力量的需求增加时，其他肌肉也会参与其中。就像一块石头掉进水里会在水面上激起涟漪一样，收缩会从直接负责做功的肌肉向其周围的肌肉辐射。石头越大，波浪就越高，涟漪传播得就越远！

俄罗斯人从不排斥将扎实的国外研究成果应用到他们的训练中，例如谢灵顿定律（Sherrington Laws）。正如首席督察克劳索（Clouseau）所说，其中一个成果就是辐射效应。它指出，努力工作的肌肉会动员其附近的肌肉，如果这些肌肉已经参与了动作，就会增强整体的力量输出！不是通过作弊的方式（就像有些人利用摆动的力量来增加杠铃弯举的次数那样），而是通过“鼓舞”的方式。收缩肌肉发出的神经脉冲会到达其邻近的肌肉，就像电流驱动电机那样“打开它们”。

辐射效应是卧推这样的复合练习比滑轮肱三头肌下压这样的孤立练习能够更有效地增强力量的原因之一。苏联的临床医学研究发现，当其他肌肉参与动作时，手臂的单块肌肉的力量和耐力都会显著增强。我并不是在陈述多块肌肉产生的力量比单块肌肉更大这样一个明显的事实，我要说的是，当邻近的肌肉帮助肱二头肌牵引做功的时

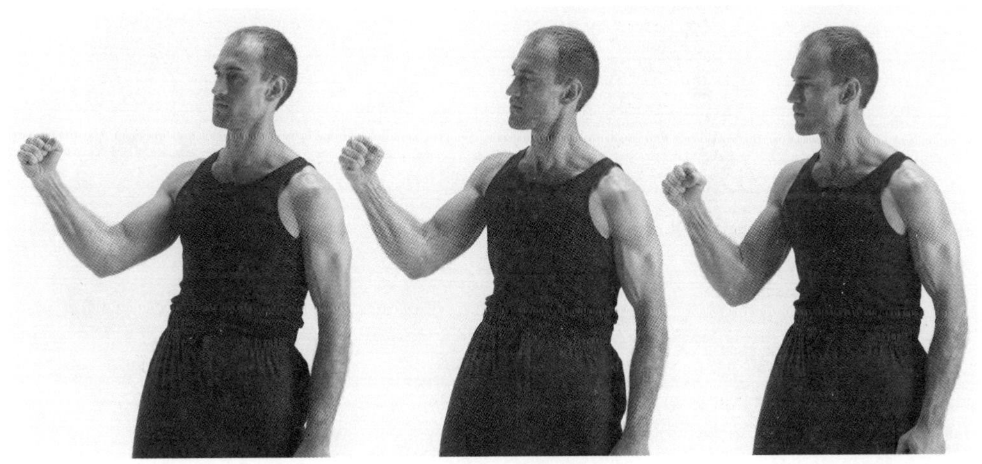

绷紧！绷紧！再绷紧！

候，肱二头肌本身会更加卖力。正如伊尔勒·李德曼所说的那样，“团结成就力量，协同运动的肌肉也不例外”。

得益于辐射，我们可以设计出一种高效的力量训练方案。如果你的训练特别强调举起相当大的重量，比如硬拉，你需要从地板上拉起杠铃，直到站直身体，得益于巨大的重量，你的身体会进入连锁反应的状态，从而使每一块肌肉都被调动起来发挥作用!

“如果你能看到一张运动员举重的照片……”老体育总监伊尔勒·李德曼在谈到举重运动员时写道，“你会注意到，他全身的肌肉都变得突出了……前臂的肌肉自然地呈现条带状的突出，因为握紧杠铃杆需要手指保持巨大的握力……上臂肌肉突出的直接原因不是杠铃的巨大重量，而是巨大握力引发的辐射效应……沿脊柱全长，稳定肌也处于收缩突出的状态，这不是因为它们直接参与了举起重量，而是因为它们必须保持躯干的刚性。最突出的肌肉当然是那些直接做功以举起重量的肌肉，即大腿和肩部的肌肉。”

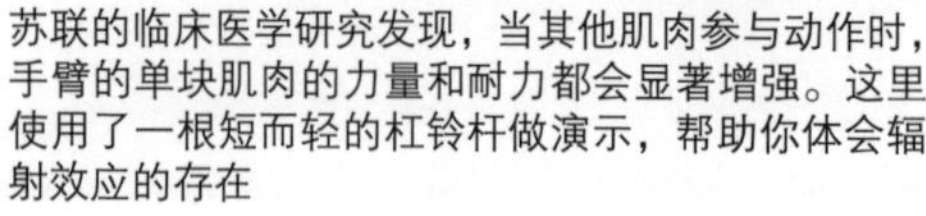

苏联的临床医学研究发现，当其他肌肉参与动作时，手臂的单块肌肉的力量和耐力都会显著增强。这里使用了一根短而轻的杠铃杆做演示，帮助你体会辐射效应的存在

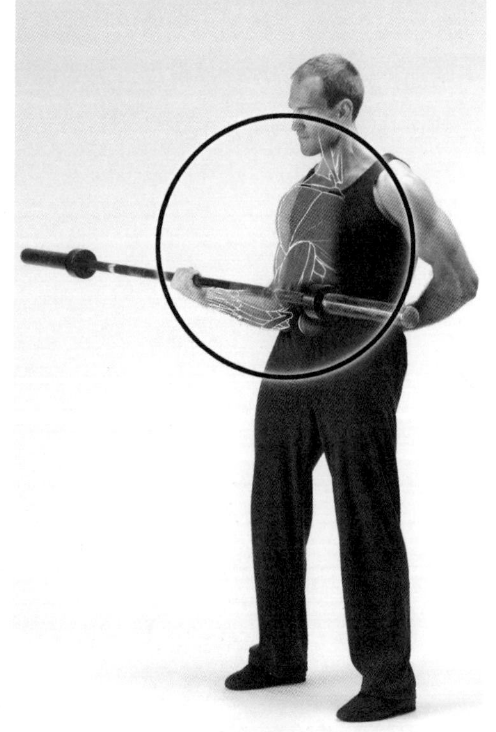

可以换用一根更重、更长的杠铃杆，迫使相邻肌肉承担更大的挑战。当邻近的肌肉帮助肱二头肌牵引做功的时候，肱二头肌本身会更加卖力。你会更清晰地感受到辐射效应

在重量合适的硬拉训练中，前臂的肌肉自然地呈现条带状的突出，因为握紧杠铃杆需要手指保持巨大的握力。上臂肌肉的突出，不是因为巨大的杠铃重量，而是因为巨大的握力引发的辐射效应

结实的腹肌+强壮的手臂=强壮的身体

通过来自中央肌群（腹肌/臀肌）和外围肌群（手部和前臂肌群）的指令“包围”目标肌群，让它别无选择，只能变得更强壮！纽约长岛的肯·雷森勒博士曾经提到，当硬拉重量达到某个数值时，他的抓握力成为他继续提高成绩的限制因素，他当时很想用带子把杠铃挂在手腕上，把双手解放出来。但他最终没有这么做。

对此，他说道：“当我决定放弃使用助力带，努力坚持到在没有它的情况下能够应对大重量时，我突破了之前的最佳成绩，力量水平更上一层楼。事实上，整个训练变得更加具有压迫感，我在力量和肌肉尺寸方面的整体进步是出乎意料的。我的注意力更加集中了，因为我非常专注于保持对杠铃的抓握。”

“正如神经解剖学家所说的，与其他肌群相比，大脑中控制手部肌肉的区域相对肌肉本身的大小而言要大得多。尽管只是推测，但也许前臂/手部肌肉的剧烈运动会增强对特定项目中所有肌肉的神经刺激。我的经验同样表明，在许多项目中，投入时间和精力直接刺激前臂肌肉可以提高处理重物的能力。”

虽然抓握很重要，但实际上，你没有必要费力地挤压网球或安排其他专门的抓握练习，硬拉对手部力量的强化效果非常显著，每次硬拉时专注于挤压杠铃杆的训练可以使所有的举重练习都获得新的力量，以及丰厚的回报！推举训练还可以保护手腕。在每个健身房你都能看到，有人在手腕过度伸展的情况下练习卧推。这样的错误不仅会耗损力量，还会损伤韧带，使你成为腕管综合征的候选者。

至于腹肌，似乎完全不用担心。很多调查都表明，无论男性还是女性都普遍认为，在需要锻炼的身体部位中，腹部是最重要的。通常，美容偏好是我们在不知不觉中做出的进化选择。大眼睛不仅更有吸引力，而且能够为主人提供精细的立体视觉，这可能对人的社会生存起到了一定的作用。尽管消瘦的电视模特已经占领了媒体，但大多数男性仍然更喜欢丰满一些的女性，会被最适合做母亲的女孩所吸引——这就是她拥有所有正确曲线的原动力。

美国人对腹肌的痴迷可以解释为一个人们很少注意到的事实，即一个拥有强壮腹肌的人通常全身都很强壮。曾经的俄罗斯举重偶像瓦西里・阿列克谢耶夫（Vasily Alexeyev）曾被《体育画报》（*Sports Illustrated*）誉为“世界上最强壮的人”，他对训练腰部肌肉非常重视，他认为，腰部肌肉是限制每个人运动表现的关键环节。他告诉《洛杉矶时报》（*Los Angeles Times*）的记者，举重运动员需要“强壮到可以挡子弹的腹肌，但没必要拿出来显摆。”

他是对的。在二战后，苏联科学家发现，虽然在低强度运动中，大多数工作都是由四肢完成的，但当负荷很大时，核心区肌肉会承担大量工作。来自乌克兰的世界举重冠军尤里・斯皮诺夫（Yuri Spinov）对此表示赞同：“下背部和腹部的力量是举重成功的关键。”

在大重量的深蹲和硬拉训练中，腹肌只尽自己的一份力量似乎是不够的，它也增强了其他关键肌肉的力量。剧烈收缩的腹部会向其他肌肉传送神经冲动，从而引发连锁反应。武术家都知道，用力收缩腹肌会增加防御厚度，提高身体的抗击打能力。绷紧的腹肌会传递神经指令——或者说气，如果你更喜欢中文表达的话——到达你的股四头肌、肱三头肌，等等，各个位置，让它们表现得更加强劲有力！

呼吸要点

苏联著名的力量权威弗拉基米尔·扎齐奥尔斯基教授十分推崇逆向力量呼吸的练习。这位苏联教授还通过一项双盲研究证明，这种腹部练习比其他练习效果更佳。

在正常吸气后——沃罗比耶夫主持的早期苏联研究的建议数值为最大吸气量的75%——收缩腹肌，同时保持声门闭合和直肠括约肌收缩。之后，在3～5秒内用力排出肺部空气。如果握拳对你有帮助的话，那就握紧拳头（这是身体不同部位的相互依存性和辐射效应以及如何利用它增强力量的另一个示例）。你可以借用空手道的方式，在即将排出所有空气时后加一声低喝，使这个练习更加有效。

这位教授建议每组训练10～15次，贯穿全天安排3～4次训练，坚持每天训练。我做了一些调整。我把训练组数加倍，把每组的重复次数减半。

扎齐奥尔斯基表示，强健的腹肌也是预防疝气的最佳保障。就像潜艇外壳一样，它们能够有效阻止内脏向外突出。这位教授指出，背部肌肉强壮但腹肌虚弱的人患疝气的风险是最高的。因此，在开始训练大重量硬拉之前，先用他的练习热身是个不错的主意。

结合第二章的呼吸部分内容，这里总结了举重训练中有效呼吸的8个要点。

1. 向医生咨询关于呼吸的建议。

2. 在肌肉负载之前，吸入最大肺活量75%～100%的空气。

3. 在放下和举起杠铃的过程中屏住呼吸（关闭声门）。在每次重复接近尾声时呼气，或紧随每次重复的结束呼气。每次重复对应一个呼吸周期。

4. 在动作底部可以安全放松和暂停的练习（例如杠铃弯举）中，你可以在反向动作之前再次呼气和吸气。也就是把每次重复分成两段，每段对应一个呼吸周期，而不是每次重复对应一个呼吸周期。

5. 呼气时不要排出所有空气，否则会导致呼气后核心区失去紧密性和对脊柱的支撑作用。

6. 在两次重复之间可以随意呼吸几次，但不要过度换气。

7. 保持核心区（腰腹）的肌肉坚如磐石，同时不要让肚子鼓起来。

8. 始终闭紧肛门（收缩直肠括约肌）。

第十章 杠铃训练体系

训练方法：周期化

持续突破的关键

健身鼠喜欢用米罗的故事来说明渐进性超负荷的原理。根据传说，这位古希腊人开始时每天用一头小牛练习举重。随着小牛长成一头公牛，米罗变得越来越强壮。

从小牛到公牛，从公牛到大象，从大象到鲸鱼……是这样吗？

当然不可能。力量训练专家维尔霍山斯基教授写道："渐进式过载产生的回报是递减的，最终会变成零。"为了说明他的观点，维尔霍山斯基举了一个例子，如果你从16岁开始用130磅（59.0千克）的杠铃训练卧推，然后每周增加1千克负重，那么到26岁时你将能举起超过1275磅（578.3千克）的重量，到36岁时将能举起超过2240磅（1016.0千克）的重量！是的，这样的事情只能在梦中出现，在现实中从未出现过。

为什么你不能使用大重量一直训练下去并持续地取得进步呢？没有人知道确切的答案，但实践经验让我们确信，如果你这样尝试，最终只会退步。美国体育总监伊尔勒·李德曼在20世纪初曾经指出："为一场重要比赛做准备的职业拳击手需要用6周的时间进行战前训练……经验表明，一个运动健将可以在这么长的时间内将竞技状态调整到最佳。如果训练时间过长，运动员会过度训练或精神疲惫，失去干劲儿。"

早在20世纪50年代，苏联科学家就观察到，为了达到最佳状态，运动员必须极大地耗尽其适应能力。这意味着，在达到巅峰状态之后，其运动水准不可避免地会下降。列昂尼德·马特维耶夫分析了许多运动员的训练日志，得出的结论是，如果运动员在峰值状态出现后主动削减训练重量，而不是继续全力训练，情况会好得多。“……继续高负荷训练会进一步放大运动水准的下降，而减量训练则有助于身体的恢复并确保新的进步。”爱沙尼亚的阿特科·维鲁（Atko Viru）博士这样总结道。

马特维耶夫会告诉那个用公牛刷爆训练的古希腊人，换一头小牛重新开始，你可以变得更加强壮！前进两步，然后后退一步，是他的周期化力量训练的精髓，这种方法彻底改变了力量世界。

即使是世界级的运动员，周期化训练也能使其年复一年地取得进步，如果使用其他方法，进步会变得遥不可及！美国力量举的鼻祖之一特里·托德博士回忆道：“周期化训练是最好的训练方式……在训练中，有些人致力持续突破重复次数或单次最大重量的极限，但根本坚持不了多久。他们要么训练过度，要么伤病缠身。我们这些坚持下来并持续取得进步的人发现，开始时必须保守一些——先用较小的重量训练一段时间，然后再使用大重量，且以持续增加重量的方式继续训练一段时间。然后，参加比赛，赛后，我们总是先休息一段时间，然后再用较小的重量重新开始训练。”

周期化训练是指将训练强度逐渐提高到最高后，从简单的训练重新开始的训练方式。可以使用气味做类比：随着你的鼻子对香气的反应变得迟钝，尽管香味的强度在持续提高，但你已经察觉不到；此时，你可以走出房间，降低香味的刺激强度，随着嗅觉系统再次恢复敏感性，你会重新对香味的刺激做出反应。这就是建立一个新的峰值的时机！一些专家称这一过程为“放空”。聪明的力量举运动员通常会在比赛结束后休息1周，然后使用比前一个周期开始时的重量略大的重量开始新一轮的训练。经过8 ~ 16周的时间，他的训练重量逐渐增加，直到创造新的个人最佳成绩。

周期化训练是力量的终极公式，它在其他方法（通常很复杂）失败的时候帮助训练者取得成功。帮自己一个忙，与世界上最强大的人一起加入潮流，你将获得超乎想象的收获。同时，你受伤的概率也会降低。洛杉矶的脊椎指压治疗师约瑟夫·霍里根医生为许多精英运动员提供过治疗，他注意到，那些以周期化的方式训练举重的人比那些没有这样训练的人遭受的伤病要少得多。还有，很多一直坚持周期化力量举训练的运动员在其四五十岁时仍能参加国际水平的大赛，而那些习惯于训练到力竭的健美运动员则会伤病不断，往往在这个年龄的一半左右就会退役。

接受退一步进两步的训练方式非常必要。如果努力就能变得强壮，就不会有体育科学这种东西了。一直踩着油门是最快的？不！即便是在真正的路上这也不现实。

周期化训练的类型

这里有几个力量举的周期化训练模型，它们简单易懂，不需要高深的数学能力。

线性周期化

选择舒适的重量，以5次重复的训练组（1 × 5）开始周期化训练。以你表现最好的5次组使用的重量（5 RM）为基准，其重量的70% ~ 80%是一个很好的起点。当然，不需要那么精确，一般你可以轻松完成10次重复的重量就是适合的起始重量。

确定起始重量的过程可以像下面这样。你先用45磅（20.4千克）的空杆完成了5次重复，感觉这个重量很轻，你随后增加了20磅（9.1千克）的重量。还是很轻。继续增加配重，感觉85磅（38.6千克）不是那么轻了。继续增重到95磅（43.1千克），你感觉很好，同时开始注意到，这个重量需要用心应对了。你决定继续增加一点重量，终于，100 × 5的训练感觉刚刚好。你本可以使用这个重量完成10次重复，但你知道这不是个好的方案，还有更好的训练方式。就这样，你的第一次周期化训练的起始重量确定下来：100磅（45.4千克）。

完成第一组100 × 5的训练后，休息几分钟，用第一组使用重量的90%的重量继续完成一个5次重复的训练组：90 × 5。计算数值不必过于精确，尽量取整，方便操作即可。减重的第二组训练可以在不会让你感到疲惫的情况下使训练量近乎加倍。减重组的设计非常巧妙，尤其是在第一个训练周期即将结束，第一组使用的重量变得很大时。你会感觉到的。

下一次训练时，第一组要在之前的基础上增加5磅（2.3千克）重量，第二组（减重组）的重量也要同步地增加。

不知不觉间，杠铃会变得很重。这时，不要尝试将重量继续增加到每组只能完成1次的程度，除非你有100%的把握，能够确保以良好的姿势动作完成举重！正确的做法是，按照既定的增重幅度继续训练，只是将第一组的重复次数每次削减1 ~ 2次，直到第一组只需完成2 ~ 3次重复。另一种选择是，无须训练到峰值重量，只要训练重量比上一个周期增加了一点就可以结束本周期了，比如说增加了5磅（2.3千克）。

由于个体差异、训练目的不同等因素，周期的时长各不相同，但通常应包括不少于8次的训练。一个有竞争力的举重运动员必须提前规划好自己的训练周期，才能在比赛中达到峰值状态。普通训练者不需要担心这些。不过，不同时长的周期化训练的效果如何，你还是能体会到的，你可以做一些尝试，找到适合自己的训练周期。

线性周期化训练计划示例

训练编号	第1组	第2组
	重量×重复次数	重量×重复次数
1	100×5	90×5
2	105×5	95×5
3	110×5	100×5
4	115×5	105×5
5	120×5	110×5
6	125×5	115×5
7	130×5	115×5
8	135×5	120×5
9	140×4	125×5
10	145×2	130×5

如果增加1次训练，你本可以完成150×2的训练组，但你决定保守一些，将这个重量顺延到下一个周期。休息几天，使用比之前稍微大一点的重量开始另一个周期的训练。它看起来可能是下面这样的。

训练编号	第1组	第2组
	重量×重复次数	重量×重复次数
1	110×5	100×5
2	115×5	105×5
3	120×5	110×5
4	125×5	115×5
5	130×5	115×5
6	135×5	120×5
135×5是你之前的极限		
7	140×5	125×5
8	145×5	130×5
145×5，新的5次组纪录诞生，10磅的增幅太棒了！		
9	150×3	135×5

在这个周期结束时，正如你所看到的，这个训练周期从相当简单的训练开始，并取得了不错的势头。训练强度逐渐增加，直到产生一个新的个人纪录。经过8次训练，你创造了新的5次组纪录，将自己的训练成绩提高了10磅（4.5千克），这是很大的进步！你的肌肉因此变得更加健壮、结实。

你要明白，结果会因人而异，也会因周期而异。虽然一个精英举重运动员满足于在12周内通过训练增加5磅（2.3千克）的卧推成绩，但在相同的时间内，一个初学者的硬拉成绩可能会增加50磅（22.7千克）。由于你的神经系统效率或动员尽可能多的肌肉（运动单元）的能力，硬拉训练的进展总是快于推举。还有一个原因是，上半身的位置较高，进一步压缩了推举的改善空间。数学也很重要，是吧。同样增加10磅（4.5千克）的重量，对200磅（90.8千克）的硬拉而言增幅只有5%，而对50磅（22.7千克）的推举来说，增幅则高达20%。这也意味着，你的硬拉训练周期与你的推举训练周期可能难以匹配。不要紧，将它们视为两个独立的训练周期即可。只有竞技举重运动员才会在意这个问题，从而不厌其烦地使它们匹配。

波动周期化

有时，一场疾病或者一次旅行会让你远离健身房的时间超出预期。如果你已经跳过了1周以上的举重训练，或者只是经历了非常糟糕的一天，那就回退2～3次训练，然后恢复正常的训练周期。如果在上面的例子中，你在第6次训练后出现了2周的停顿，那你可以按下面这样调整。

训练编号	第1组	第2组
	重量×重复次数	重量×重复次数
6	135×5	120×5
为期2周的假期，你很勇敢		
7	125×5	115×5
8	130×5	115×5
9	135×5	120×5
10	140×5	125×5
11	145×5	130×5
12	150×5	135×5
新的5次组纪录——15磅的增幅		
13	155×2	140×5

是的，你也发现了，如果你在周期中段安排回退训练，那么在这个训练周期结

束时，你的训练成绩很可能会创新高！苏联的运动科学研究表明，这种带有波动的周期化相比基本的线性周期化更为有效。即使没有因故中断训练，你也可以尝试这种“周期中的周期化”。当需要休息的时候，你的选择也会灵活很多。

灵活的波动周期化训练计划

训练日	第1组 重量×重复次数	第2组 重量×重复次数
周一	200×5	180×5
周二	205×5	185×5
周三	210×5	190×5
周四	200×5	180×5
经过3天的训练你感到疲惫，决定回退使用较小的重量		
周五	205×5	185×5
周六	休息	
周日	休息	
周一	210×5	190×5
周二	215×5	195×5
周三	210×5	190×5
深夜，你感觉太疲劳了		
周四	215×5	195×5
周五	220×5	200×5
周六	休息	
周日	休息	
周一	225×5	205×5
周二	230×3	205×5
周三	215×5	195×5
你觉得可以第2次尝试230×5的训练		
周四	220×5	200×5
周五	225×5	205×5
周六	休息	
周日	休息	
周一	230×5	205×5
你是对的，但230×5的训练非常累人，可以像这样通过回退训练来恢复体力		
周二	220×5	200×5
周三	225×5	205×5
周四	230×2	205×5
不能重复周一的训练；它已经完成了。至此，你已经把这个训练周期的训练潜力榨干，可以结束了。		

或者，你也可以采用更有效率的训练方案，例如下面这样的，前进4步、回退3步的做法。

结构性的波动周期化训练计划

训练编号	第1组 重量×重复次数	第2组 重量×重复次数
1	200×5	180×5
2	205×5	185×5
3	210×5	190×5
4	215×5	195×5
5	205×5	185×5
6	210×5	190×5
7	215×5	195×5
8	220×5	200×5
9	210×5	190×5
10	215×5	195×5
11	220×5	200×5
12	225×3	205×5

阶梯周期化

因为一个有效的训练周期通常需要持续8~16次训练，所以在上面的例子中，每次训练5磅（2.3千克）的增重幅度对这个训练者来说可能太多了，其训练强度的最大值会很快出现，从而妨碍训练者建立足够的“上升势头”。为此，有些人会使用1磅（0.45千克）甚至更轻的小配重片来解决这个问题。其实不用这么麻烦，只要在连续两次甚至三次训练中保持相同的杠铃重量不变，然后再增加5磅（2.3千克）重量即可。经验证明，阶梯周期化是一种非常强大的力量训练武器。以下是一个假设的阶梯周期化训练方案，适用于当前最好成绩为100×5的训练者。

阶梯周期化训练计划示例

训练编号	第1组 重量×重复次数	第2组 重量×重复次数
1	80×5	70×5
2	80×5	70×5
3	85×5	75×5
4	85×5	75×5
5	90×5	80×5
6	90×5	80×5
7	95×5	85×5
8	95×5	85×5
9	100×5	90×5
10	100×5	90×5
11	100×5	90×5
12	105×5	95×5
13	105×5	95×5
14	110×4	100×5
15	110×5	100×5
16	115×3	105×5

如果你愿意，可以在一个新的训练周期开始时，从基本的硬拉切换到另一种变式，例如，从传统硬拉切换到相扑硬拉。你也可以用另一种周期化训练方案替换眼下使用的这种，比如，用线性周期化替换波动周期化。不建议更改其他变量。你必须遵守足够的规则才能保证训练正确。

更有效的力量提升，更高的安全性，更少的艰苦训练……如果你自以为有比周期化训练更好的秘技，那就敝帚自珍吧！

杠铃训练要素

亚瑟·萨克森的理论是，“低强度运动只会让人疲劳，不会让他变得更加强壮”。鲍勃·霍夫曼的《老派大力士》一书中描述了一位著名举重运动员的训练方法：“……他的每一种特技都只训练几次，并在组间安排一定的休息时间，以防止身体疲劳。因此，他强壮有力的体格赋予了他巨大的力量，这种力量带来的震撼是空前的。”

是的，疲劳和肌肉张力是相互排斥的！乳酸等代谢废物会阻碍肌肉进一步地强力收缩，心血管功能不足会迫使你提前终止训练组。组内重复次数过多或组数过多导致的精神疲劳使你无法产生所需的力量，大脑和肌肉之间的“神经通路”也会因为过度劳累而无法有效地执行大脑的指令。

如何最大限度地减少和避免各种疲劳，并充分收获力量训练的益处，可以遵从以下要点：

1. 将每组重复次数限制在5次以内；
2. 将组间休息时间增加到3~5分钟；
3. 将训练组数限制在2组；
4. 在两次重复之间短暂停顿并放松；
5. 每周安排举重训练的次数不要超过5次。

1. 将每组重复次数限制在5次以内

苏联顶级力量专家罗伯特·罗曼曾表示：“来自重复次数刺激的肌肉张力低于一次举起最大或近似最大重量时产生的肌肉张力，其性质也不相同。”当时的俄罗斯举重运动员同样向世界展示了其在举重领域的统治力。“此外，由于疲劳，最后一组的重复是在神经系统兴奋度降低的情况下进行的。这阻碍了进一步提高力量所需的复杂条件反射回路的形成。”

每个训练组的重复次数超过6次会阻碍力量的发展！另一位俄罗斯的顶尖体育科学家、前举重世界冠军阿尔卡季·沃罗比耶夫坚持认为，将组内重复次数限制在5次会更好。世界上许多最强壮、最有力的身体都是通过5次或更少的组内重复次数锤炼出来的。“在我刚开始训练举重时，”力量举名将迈克·布里奇斯回忆道，“我的训练包含很多重复次数和组数，并没有取得显著的成功。而在我减少重复次数后，我的力量开始迅速增长。我相信你完全可以减少不必要的组内重复次数和训练组数，同时获得更快恢复的能力。最终，你会收获巨大。”

2. 将组间休息时间增加到3~5分钟

如果健身房试图说服你将组间休息时间减少到30秒，“以提高训练强度，改善心血管状况”，事实上，他们只是想让你快点离开，以便他们可以招徕更多顾客，赚更多的钱。苏联运动生理学家列昂尼德·马特维耶夫（Leonid Matveyev）建议，如果你是在训练神经系统而不是锻炼肌肉，那么组间休息可以延长到3~5分钟。

3. 将训练组数限制在2组

即使组内保持低重复次数且组间设置较长的休息时间，累积疲劳还是会出现，从而刺激肌肉的生长。这不是我们的目标，我们的目标是变得更有力量！每种练习每次的训练组数控制在2组。一组训练大重量，另一组减轻10%的重量训练。这种方式不是一成不变的，但它适用于大多数训练者。

4. 在两次重复之间短暂停顿并放松

对此，北美地区训练者的标准做法是，避免在关节支撑重量的锁定位置停顿。这种老套的想法认为，停顿不是为了帮助肌肉休息，而是为了“拯救关节”。

诺德仕公司的亚瑟·琼斯建议尽快耗尽肌肉能量。虽然这样做确实有助于增肌，但在获得肌纤维强度和肌肉力量成为唯一的目标时，快速疲劳只会适得其反。

在两次重复之间停顿和放松1秒左右——尽可能地保证安全——不仅不会让你那么痛苦，还有助于提高肌肉的绷紧能力。至于不要锁定关节的建议，那都是无稽之谈。你的关节就是用来锁定姿势和支撑负重的。事实上，如果不给它们施加足够的压力，你永远不会变得真正强大！

20世纪80年代中期，人们发现，膝关节、肘部等关节部位都有特殊的机械感受器或传感器，可以对负重做出反应。如果你一想到要给关节增加负重就抓狂，那你的关节只能一直虚弱下去。每当你尝试举重时，机械感受器都会向脊髓发送报警信号，以阻止肌肉收缩。如果你不能解除警报，训练的意义也就丧失了。老派的强者都很清楚这一点，并主动创造条件，通过各种沉重的支撑壮举打造他们所说的“韧带力量”。约翰·格里梅克（John Grimek）是美国举重界和健美界的传奇人物，他曾经在训练中将1000磅（453.6千克）的重量举过头顶并停顿支撑！

5. 每周安排举重训练的次数不要超过5次

基于训练组数和组内重复次数大幅减量的前提，你应该忘记来自其他训练体系的“肌肉需要48～96小时才能恢复和变得更强壮”的律条！苏联奥运代表团顾问弗拉基米尔·扎齐奥尔斯基教授曾经说道：“规划力量训练课程的总体思路是，让运动员在尽可能地保持新鲜感的同时完成尽可能多的训练量。”俄罗斯和保加利亚的精英举重运动员每周安排训练的次数最多可达28次。因此，每周5次训练没有任何问题。

大多数成年人都会模仿鲍勃·皮普尔斯（Bob Peoples）的训练计划。皮普尔斯是一位来自美国田纳西州的农民，他以178磅（80.7千克）的体重从地板上硬拉起了

725磅（328.9千克）的惊人重量，这是二战前所有体重级别的世界纪录。之后几十年，任何体型的男人都无法触及皮普尔斯的硬拉纪录！《追逐力量》（*Developing Physical Strength*）是一本老派训练手册，它提供了比大多数现代时髦书籍更合理的建议。皮普尔斯在书中写道，“每周的训练次数各不相同，大多数时候，我会平均每周训练4～5次，相当于每隔1天训练一次。有时我也会每周训练一两天，效果同样不错。当然，我并不经常采用每周训练一两天的模式。”

人们的日程安排是终极的依据。使用本书的方法，每次在健身房最多训练20分钟，可以从周一连续训练到周五。如果始终感觉不到身体的恢复，你也可以在两次训练之间多休息1天。只要不是以此为借口陷入每周只训练一两次的泥潭就好。德国在20世纪60年代初进行的一项研究发现，在两次训练之间休息1天以上会使力量训练的效果降低50%！这种非正统训练频率的背后有其科学依据。

> 不是每天增加，而是每天减少——去掉任何不必要的东西！
>
> ——李小龙

强大的亚瑟·萨克森双手举起448磅（203.2千克）的重量，创造正式的世界纪录。照片来自伊尔勒·李德曼

练习

为什么选择硬拉和推举

前文已述，高肌肉张力或大重量才是增强力量的关键。从那以后，你一直在稳步地为你的工具栏添加强大的功能——超级辐射这样的独特技术，以及可以增强肌肉张力和力量收益的预先绷紧肌肉技术或连续诱导效应。低重复次数训练、非力竭式训练、周期化训练和其他对成功至关重要的细节，帮助你将刀刃磨砺得更加锋利。是时候选择力量举训练套装了——这是一组精心挑选的练习，在本书的技术背景下使用，它将把你的身体打造得坚如磐石！开始吧。

你可以认为我对练习的选择带有自身的偏好，但硬拉的确是一种可以全面调动身体肌肉，且适合任何人的举重练习，无论是习惯久坐在电脑前的办公族，还是奥林匹克运动员，都能从中获益匪浅！它通过巨大的重量教给你一些在日常生活中有用的习惯，而且除了一个花费不多的杠铃，你不需要任何其他装备。至少在你能拉起300磅（136.1千克）之前是这样的。

很多深蹲的铁杆拥趸会称赞深蹲是最重要的举重练习，是衡量“你是否够爷们”的标准。我不同意这种观点。深蹲是一种技术性很强的举重练习，初学者即使在专业指导下通常也需要经过几个月的训练才能完成一次像样的深蹲训练。我在健身俱乐部看到的99%的深蹲动作，即使来自经验丰富的健身鼠，都非常糟糕。此外，深蹲训练还需要配备可靠的保护者和安全支架，否则你很可能在一次错误的动作后像虫子一样被杠铃压扁。硬拉则不同，杠铃离地的高度有限，可以简单地将其放下，这使得这种练习对用户更加友好。此外，相比深蹲，硬拉能够调动更多的肌肉，因为你必须握紧杠铃杆，而不是将杠铃杆支撑在肩膀上。不管怎么看，硬拉都更容易上手，且训练效果更佳！

根据研究，大个子如此偏爱深蹲是有原因的。喜欢举重训练的男人通常肌肉发达，腿较短，躯干相对较长。这些特点使他们在深蹲时具有杠杆优势，但训练硬拉就比较困难了。一个可以深蹲700磅（317.5千克）重量的大力士，只能硬拉550磅（249.5千克）的情况并不罕见。部分原因是他们在深蹲时具有杠杆优势、在硬拉时处于杠杆劣势，部分原因则是举重比赛中花哨的护膝、腰带和深蹲服带给深蹲成绩的巨大提升——100磅（45.4千克）并不罕见，而这些装备对硬拉成绩的提升却没有那么明显。这种自我沉醉是危险的，只会让深蹲变成装备优势的比拼。

让我们回归现实生活。任何人都可以弯腰并拉起重量。“下探、抓握和上拉”是日常生活中最正常和最常见的动作。深蹲则是一种经过人为雕琢的游戏。事实就是这样。

从事军事力量研究的医学博士伊戈尔·苏霍茨基（Igor Sukhotsky）表示：“硬拉是最重要的举重练习，它可以发展基础力量，从而提高所有运动项目的成绩。”这位多才多艺的男子不仅是知名的举重运动员，而且他在50多岁的时候还参加全接触空手道比赛。

深蹲作为举重项目才出现几十年，而自从我们开始直立行走以来，提拉就已经存在了，只是其表现形式和名字非常多样罢了。老前辈伊尔勒·李德曼在回忆他第一次遇到这种练习时，兴奋之情依然溢于言表。

“健身房里另一个让我感兴趣的人是一位老先生，他是为数不多的经常光顾这家健身房的业余爱好者之一。他在健身房里只对从地板上起始的硬拉感兴趣。他制作了一个简易装置，可以在其中装载重物，装置的最上面是一个把手或横杆，距离地面约28英寸（71.1厘米）。他有一套自己的理论，如果你能每天充分地锻炼背部肌肉，你的身材、健康和力量都可以保持高水准，直到老年。

“因此，每天下午他都会来健身房，用他的简易举重机进行一次简短的训练。他会把重量增加到300～400磅（136.1～181.4千克），双腿伸直，稍微拱起脊柱以弯曲身体，然后通过挺直背部提起重量。接下来，他会继续增加重量，训练专业人士所说的‘手到大腿的提拉’（一种需要弯曲膝关节的、动作幅度很小的硬拉变式）。他会保持背部挺直，弯曲膝关节放低身体，抓住把手，使指节位于大腿前方，然后通过伸直双腿和耸肩来提起重量。重复两三次后，他会继续增加重量，按照惯例，在他结束本次训练之前，他会将重量增加到1000～1200磅（453.6～544.3千克）。当然，这个练习的动作幅度非常小。有一次，为了了结一场争论，他以‘手到大腿的方式’提起了1500磅（680.4千克）的重量。我不能告诉你他这样训练了多久，但在我认识他的时候，他坚持训练至少已有40年了。他几乎每天坚持这样的训练，他对自己保持强壮和健康的方法有着坚定的信念。”

肯·雷森勒博士写道：“大重量使硬拉作为力量练习非常有效，但也让人感觉硬拉非常困难，非常不舒服。事实上，硬拉可以锻炼很多肌肉，但很多人却把它看作一种单纯的‘下背部练习’。这种来自‘专业人士’的狭隘视角，甚至可以说是偏见，限制了硬拉作为一种兼具实用性、高效性的练习在大众层面的推广。硬拉应该从髋部和大腿起始动作，并在下背部肌肉的帮助下完成。稳定体重和控制身体姿势也需要斜方肌、其他肩胛肌肉、背阔肌、前臂肌肉和腘绳肌的参与。”力量举前世界冠军休·卡西迪（Hugh Cassidy）也认为，“硬拉是最好的腹部练习，没有之一。”这对现在的你来说可能没有什么意义，但一旦你获得了可观的体重，就会很容易理解这一说法。

在训练硬拉后，你的力量短板只有一个：你的推举能力。李德曼在这位了不起的老先生的故事中总结道：“尽管他能把巨大的重量从地上拉起，但他不能把巨大的哑铃举过头顶。”

推举练习正好可以强化在硬拉中未能得到充分锻炼的肌肉。

前文已经提及，鲍勃·皮普尔斯以惊人的力量-体重比所创造的硬拉世界纪录。然而，皮普尔斯却无法卧推与他的体重相当的杠铃。针对这样的情况，我们额外增加了一种推举练习变式。老实说，我更喜欢老式的侧向单臂推举，而不是卧推和类似的练习。将这个练习视为硬拉练习在上半身的延续，可以让你全身的肌肉都得到充分的锻炼。请记住，在销售领域，80%的业务来自20%的客户，帕累托定律在健身领域同样适用——推举和硬拉的组合就是这么强大！

从硬拉还是从推举开始训练，取决于你自己。许多教练会建议，从涉及更多肌群的练习开始，在我们这里的话就是硬拉了。其实这种建议无所谓的。按你自己的喜好行事就好。硬拉还是推举，哪个先开始都是可以的。

如果你担心这样一种只包括两种练习的简单训练计划可能导致肌肉失衡，请咨询脊柱按摩师或物理治疗师，而不是私人健身教练，以解决你的疑惑。对大多数人来说，这不是一个问题，而对某些有问题的人来说，盲目地增加更多的练习同样不能解决他们的问题。因为就连医学界也不能清楚地界定什么是完美的“平衡”。例如，被广泛接受的3：2的股四头肌与腘绳肌的力量比，只是一种猜测。直言不讳的生理学家肯·哈钦斯打趣道：“……我们有资格和能力来说明事务的本来面目应该是什么样的吗？我们能做的只是把这两组肌肉尽可能地锻炼强壮，然后由大自然决定它们的力量比例，而不是我们。”顺便说一句，硬拉同样是最好的腘绳肌练习，没有之一！

通常，重量越大，产生的肌肉张力就会越大。因此，采用那些能够使我们承受大重量的练习，然

后在力量训练中突破阻力界限，才能使我们的时间投资获得最大回报。重复次数过多的训练模式没有这样的效果，还会浪费大量的时间和精力。有足够的经验可以说明，硬拉/推举训练可以锻造出强大的肌肉力量和强壮而不失功能性的身体！借由大重量产生和强化的辐射效应以及配套的复合练习，其训练效果比孤立练习要有效得多，是健美式力量训练的绝佳替代方案。

无须增加练习，强化薄弱环节

“我要如何只用2种练习来塑造自己的身体呢？”

很高兴你这样问。锻炼肌肉的方式是否有效与多少种练习没有关系，而是取决于肌肉与大脑的连接方式。每个运动神经，即将命令从大脑传输到肌肉的“电线”，控制着一组肌纤维，组成一个运动单元。组成运动单元的肌纤维沿肌肉的长度方向均匀分布在整块肌肉中，而不是集中在某个部分。即使能够通过不同的练习动员不同的运动单元，对应的肌纤维仍然是沿肌肉的整个长度方向均匀分布的。因此，当肌肉伸展或收缩时，它会像橡皮筋一样在整个长度上伸展或收缩。从肌肉的一端到另一端，无论你将负载附加到哪一端，训练效果都是一致的、连贯的。

有人会问，那为什么会出现肌肉一侧酸痛，另一侧没有问题的情况？这可能不是肌肉，而是受力端的肌腱发炎导致的。至于训练过程中肌肉的灼烧感或僵硬状态，则是局部血液循环受限的结果。

沿着肌肉的原始线条勾勒，它就像一个充满空气的气球，而经过充分锻炼的肌肉看起来则会千差万别。这就是为什么某些人的肱二头肌很巨大，看起来就像是把肘部交叉到了前臂上，而某些人只能收缩肌肉形成一个结实的小结，还要挽起袖子才能明显看到。这与个体差异有关。前者天生肌腱较短，肌腹较长，而后者则是肌腹较短，肌腱较长。前者的肱二头肌经过锻炼后，可以很好地填满肘关节上方的空间。后者则做不到这样，因为他们的肱二头肌没有那么长，在其肱二头肌和肘关节之间的缝隙部分只有一根孤零零的肌腱。

当然，你也可以继续你的有针对性的健美训练计划，锻炼一些肌肉，你的体型也会改变。如果位于肱二头肌下方的肱肌得到了一定的锻炼，你可能会产生一种“肱二头肌”变得更大的错觉。我会在另一本书中阐述这些问题。就目前而言，考虑这些问题有些超前，它们会分散你对训练目标的注意力，你应该专注于硬拉和推举。如果发动机和传输系统不合格，担心汽车表面的抛光问题无疑是多余的。接下来，我会教授一种非常有效的方法来强化各个肌群，那些在硬拉和推举训练中会使用的，也是你梦寐以求要强化的目标肌群。

调整基本训练，将大部分负载转移到你的薄弱区域。举个例子，在硬拉时改用站距较宽的“相扑”硬拉姿势，会特别强化你的臀肌。专注于你的薄弱区域，利用同样的练习，你仍然可以充分锻炼其余的肌肉！

即使你存在明显的肌肉“不平衡”，大概率也不需要专业化的训练计划。为你的基本举重练习增加可观的重量，那些懒惰的、难以训练的肌肉会被迫加入训练的行列，尽自己的职责！有一句俄罗斯谚语说道：“如果你唯一能使用的工具是锤子，那就把一切都当作钉子。”

关于多样性、酸痛和专注

“‘肌肉混乱’怎么办？只安排两种练习？我不是应该不断改变我的训练参数才能持续进步吗？”

是与否，一个真正具有禅意的答案。

你走进一个房间，闻到了什么味道？好闻的，或不好闻的？都无关紧要。过一段时间，你开始筛选气味，即出现所谓的反跳现象。需要什么才能让你的鼻子再次做出反应？增加气味的强度，或者被一种新的味道攻击。

你的身体对练习的反应也是一样的。正如前“宇宙先生”麦克·门泽尔（Mike Mentzer）所说，“首先我们掌握了事物的发展方向，然后我们变得非常擅长应对它们，最终我们会厌倦它们。”

经过一段时间后，同样的练习就没有任何训练效果了。如果你想继续进步，就必须做出改变。不幸的是，很少有教练掌握了运用有效练习变式的黑魔法。除非面对的是腹肌这样的姿势肌，否则这样的练习变式比为特定肌群更换一种练习或孤立训练薄弱区域的选择要多得多。不要相信你的私人教练在周末的认证课程中所说的，“当你结束卧推时，滑轮肱三头肌下拉会有所帮助。”这样训练可能会增长一些新的肌肉，但永远不会带来力量。注意G.J. 内森（G.J. Nathan）的话：“业余爱好者的自信是专业人士的嫉妒之源。”

俄罗斯举重教练的武器库中有150种专门的练习可供选择，以确保他们的队员能够持续地进步，同时，有一套系统的算法帮助他们可以在正确的时间选择正确的练习。当然，这种方法“不适合在家里尝试”。

如果你无视我刚才所说的，每次达到平台期都更换一套不同的练习，你就会陷入肯·哈钦斯所描述的恶性循环：“一个新手通常需要大约6周的时间才能胜任基本的日常训练，并变得相当自信……大约在第6周的时候，新手开始失去新鲜感，并对目前的日常训练感到厌倦。他会要求学习新的练习。当然，一系列新的练习会恢复他对训练的新奇态度……在第6周这个时间点上，新手通过他之前的基础训练开始形成一个客观的基线……他的教练认为，这条基线可以指示其平台期。那么，除了建议改变之前的日常训练，他还能做些什么呢？面对平台期需要做出改变，这满足了训练者再次提高训练重量的心理预期。对教练来说，这可以成功地帮助训练者打破当前的瓶颈。实际上，训练者的进步征程必须从头开始。他必须经历一个掌握新练习的过程，然后继续训练几个星期，才能形成新的基线。”

修炼到极致趋向于返璞归真。半吊子的修炼则华而不实。

——李小龙

现在的人们注意力持续的时间很短。艾灵顿·达登（Ellington Darden）博士提出了一个很好的观点，即大多数人在第6周之后的时间里，不再具备在维持努力、婚姻状态、学习强度或饮食规律方面取得成功所需的条件。一旦你掌握了基础的本领，是时候开始学习真正重要的东西了：学会最大限度地提高相关肌肉的张力，并将不同肌肉的张力融入专注的非凡努力中，空手道大师称之为聚劲。“如果你在训练中改变了组成要素，那么你就会停步不前，必须不断地进行再训练。这对你有什么好处？”教练查理·弗朗西斯（Charlie Francis）感叹道。多年来，他一直让加拿大短跑运动员本·约翰逊（Ben Johnson）保持着稳定的深蹲、卧推外加其他一些基础练习的日常训练模式，只是调整训练使用的重量。

这是你应该采取的策略。在本章的前半段，我已经深入讲解了周期化训练，也就是使用相同的练习，同时有计划地改变训练强度和训练量的训练方式。周期化训练可以保持你的训练收益，同时不会使你的训练计划复杂化。而且，由于你坚持使用硬拉和推举两种练习训练，没有更换其他练习，所以你同时避免了肌肉酸痛的困扰。

我们不确定是什么导致的肌肉酸痛——当然不是因为众所周知的乳酸——但更换新的练习后，训练者的确会出现肌肉酸痛。同时请注意，第二天早上你感觉到的痛苦并不是取得进步的标志！疼痛和强壮之间没有相关性。有些训练者会在腿部训练结束后连续疼痛5天，但其实多年来他一直使用的是相同的重量。还有一些训练者从来不会疼痛。如果你问我的话，我也解释不了这种反差。但有一点始终是不会变的，那就是只有通过一次又一次的训练，你才会变得越来越强壮。

永远不要将疼痛或僵硬视为进步的预兆。不要为了寻求变化而沉迷于练习的多样性。要坚持最基本的练习——硬拉和推举。只要注意和处理好细节，使用一个非常简单的训练计划就可以取得惊人的效果。

“保持训练计划的简单，避免分心。复杂的训练计划充满变数，还会耗尽你的专注力。只做那些最有帮助的事情就好。贪多嚼不烂。”这是前卧推世界纪录保持者 J.M. 布莱克利（J.M. Blakley）的建议。

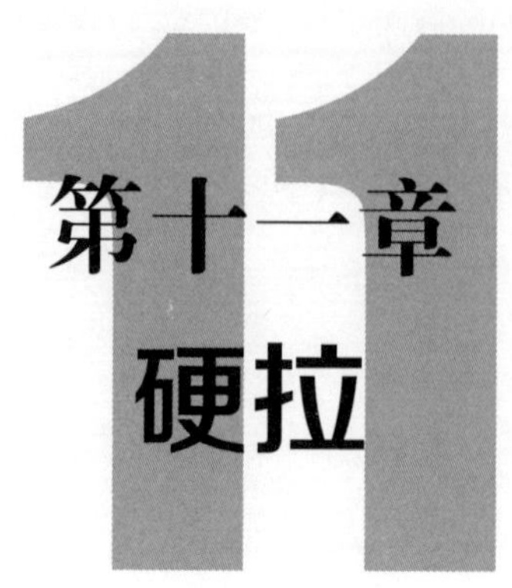

第十一章 硬拉

硬拉装备

是时候开始准备一套300磅（136.1千克）的奥林匹克举重装备了：一根奥林匹克杠铃杆以及配套的杠铃片。即使你手头拮据，也要买下所有的东西。何况，这套装备并不贵，选择价格低廉的硬核基本款就可以了，不要追求花哨。

还要准备一个大约7英尺（2.1米）长、3～4英尺（0.9～1.2米）宽的橡胶垫来保护你的地下室地板。大约¾英寸（19.1毫米）厚就可以了。如果你住在公寓或者老旧建筑里，可以考虑增加垫子。如果你正在处理巨大的重量，需要采取额外的防护措施，请听从我从马蒂·加拉赫那里得到的建议。这位力量举冠军建议你购买一块厚胶合板，并将它放在4个相同尺寸的旧轮胎上。在胶合板平行于杠铃杆的两条边缘分别固定两个轮胎，每个轮胎有一部分露在胶合板外，轮胎中间的孔对应杠铃片的位置。这些"唇边"可以有效防止杠铃滚落。然后用橡胶垫盖住这个缓冲支架。对大多数人来说，这种支架根本用不上，但对某些人来说，这种支架能解燃眉之急。

把闪亮的新杠铃杆放在垫子上，装上较小重量的杠铃片。注意，你在安装杠铃片时，一定要保持背部挺直，不能拱起。在重量较小的时候就要养成良好的动作习惯。不要不以为然。因为导致受伤的往往不是杠铃的重量，而是糟糕的身体对齐方式和轻慢之心。即使重量很小，你也要对重量给予足够的尊重和重视。

硬拉技术动作

双脚分开，面向杠铃杆站立，与跳跃时的站姿基本相同：双脚相距约1英尺（0.3米），脚尖指向正前方或略向外展。杠铃杆应该位于你的脚中央的正上方。

挺胸抬头，目视前方的天花板，尽可能地深吸一口气，然后屏住呼吸，下背部尽量挺直，保持肩膀向后，慢慢放低身体抓住杠铃杆。如果面对空杆你也无法保持下背部的状态，你需要专门锻炼一下腘绳肌的柔韧性。

时刻保持脚后跟贴紧地面，不要让视线离开天花板。你的身体会随着你的头移动。如果向下看——这是大多数人倾向于做的，你会用背部而不是腿来完成杠铃的提拉。这是很糟糕的方式。

当你放低身体去抓握杠铃杆时，你应该感觉到身体绷得很紧。想象压缩一个非常

强力的弹簧是什么感觉。瘦削的拉马尔·甘特（Lamar Gant）举起了5倍于自身体重的重量，他对这项技术深信不疑。

尽量把臀部向后推，就像你要坐在离你较远的椅子上那样。你会感觉你在和你的腘绳肌搏斗并获得胜利。这很好，当你开始拉起杠铃时，腘绳肌会更有力地收缩并绷紧。不要让膝盖前移，你的小腿越接近垂直于地面越好。

抓住杠铃杆，不要看它；在整个硬拉过程中，你的眼睛应始终注视前方的天花板。如果你觉得抓握力分布不均，可以调整一下抓握杠铃杆的方式。只要不向下看就没问题。如果硬拉失败了，放开杠铃，起身，重新开始即可。

即使杠铃的重心偏离了少许，也没有关系，毕竟，现实生活中大多数的活动都不是完全对称的。只要确保在硬拉过程中保持肌肉绷紧，避免背部拱起，其他的问题都不大。

尽量把臀部向后推，就像你要坐在离你较远的椅子上那样。你会感觉，你在和你的腘绳肌搏斗并获得胜利。这很好，腘绳肌会更有力地收缩并绷紧。试试这个练习：当你放低身体去抓握杠铃杆时，后推臀部去触碰凳子

正确的姿势——背部挺直，挺胸抬头

错误的姿势会让你体会到“硬拉（deadlift）”的英文词头的含义。

错误的姿势——背部拱起，身体前倾

正反握是另一种抓握杠铃杆的方法，即一只手掌掌心朝前，另一只手掌掌心朝后，双手握杠的方式。当重量变大时，这种看似奇怪的握杠方式可以帮助你更好地抓握杠铃杆。如果你参加过自卫课程，你就会知道，单个拇指要比其他4根手指弱一些。这就是为什么，教练会教导你要攻击袭击者的拇指，以打破他对你的手腕的控制。如果你以正常的正手握法抓握杠铃杆，沉重的重量最终会让较弱的大拇指落单，率先耗尽力量。换一只手以反手的方式握杠，其他几根手指可以更有力地支撑大拇指。这种握法一开始会让你感觉不自然，习惯了就好。记住，每一组都要换手，以平衡双手的负荷。

开始训练了！屏住呼吸，头向后仰，脊柱保持正常生理弯曲。膝关节保持半弯，髋部保持在适中的高度。慢慢地，双脚有意识地用力蹬地，就像你在慢速跳跃一样。不要拉动杠铃杆——这样最终你只会用背部和手臂拉起它。你要忘记手臂的存在，它们不过是连接杠铃和身体的线缆。索科洛夫（Sokolov）在俄罗斯的一项研究表明，如果低头朝下看，你会损失9%的拉力；如果背部拱起，你会损失13%的拉力；如果用弯曲的手臂拉动杠铃，你的拉力损失会达到40%！此外，在背部拱起的情况下，用手臂猛拉杠铃，你不仅无法强化髋部和大腿的力量，还有背部受伤的风险！

一些力量举运动员会在双手握住杠铃杆时用力收缩肱三头肌，以确保他们的手臂是伸直的。这是一个很好的方法，值得借鉴。

尝试正反握

在抓住杠铃杆之前收缩肱三头肌

应有意识地将重物从地板上“挤出”，以保证硬拉过程的安全性和高效性。你的膝盖应该始终保持与脚尖相同的指向。不要膝关节内扣，否则可能会对膝韧带造成伤害。在整个硬拉过程中，要有意识地保持膝盖前伸。你甚至需要考虑把它们推出去，让膝关节保持伸直！

前文已经说过，要保持腹肌和臀肌绷紧！要强调的是，你要始终保持背部姿势锁定，并保持身体重心位于脚后跟。如果你还在看天花板，或者像你应该做的那样看向前方很远的位置，这些应该都不成问题。但是，在你硬拉的时候，千万不要扭动或转动你的脖子！否则的话，你的脊椎会不可避免地受到伤害。

应始终保持杠铃杆靠近你的腿。想象着把杠铃杆拉向身体，而不是笔直地向上拉，会对你有所帮助。如果你一直在严格按照我的要求完成每一个动作，那么当杠铃杆到达膝盖的高度时，你的胫骨应该是垂直于地面的。

上述硬拉姿势明显有问题。如果这样笔直地向上拉，你要如何让杠铃杆越过你的膝盖？

正确动作，杠铃杆被拉向身体

一旦杠铃杆到达膝盖的高度，向前推动髋部，同时用力挤压臀部，就像要用两半屁股夹住一枚硬币一样。将肩膀向后推，同时保持挺胸，背部挺直。正确执行的硬拉过程是干脆利落的和符合力学原理的，不是松散的或拖拉的。

你最终会站直身体，杠铃杆会挂在伸直的手臂上，并靠在大腿部位。不要后仰身体夸张地完成动作！这样只会带给脊柱不正常的压力。此时收缩腹肌有助于防止你的身体后仰。

正确的硬拉锁定姿势的两个阶段

是时候喘口气了。呼出一半的气，然后用力吸气，并将杠铃放回地面。对大多数举重练习来说，经验法则是有控制地放低杠铃，但硬拉是个例外。试图慢慢放低杠铃往往会使杠铃向前移动，同时使背部承受过大的应力。

放下杠铃的正确方法是，快速将臀部向后推——你要坐到较远的椅子上，还记得吗——让杠铃以近乎自由落体的方式落到地板上。保持臀部向后伸会让你的膝盖主动避开杠铃杆。保持身体重心位于脚后跟，不要向下看！

有科学研究表明，为了促进力量增长，有控制地放低杠铃比举起杠铃更为重要。

正确地放下杠铃的过程与向上拉起杠铃的过程相同，只是速度更快。把臀部向后推，让杠铃杆快速地越过膝盖

不要试图缓慢放下杠铃！你的身体会被向前拉，可能会受伤

硬拉是为数不多的能让你在拉起杠铃后安全地将杠铃放回地面的练习之一。这是另一个选择硬拉的重要理由！当然，不能直接松手！否则你的手可能会被卡住并受伤。双手与杠铃杆一起放低更为安全。

在下一次重复开始前，放开杠铃杆，站起来准备重新开始。如果你在训练过程中一直手握杠铃杆，你的动作容易变形，杠铃产生的压力会从臀部和大腿转移到背部。

硬拉技术要点：

- **身体重心保持在脚后跟**
- **保持背部挺直**
- **不要向下看**
- **想象着双脚用力推开地板**
- **硬拉过程中保持身体绷紧，同时屏住呼吸**

硬拉变式

相扑硬拉（强化臀肌）

不要紧张。你不需要变得像相扑运动员那样“丰满”！这种硬拉变式之所以被称为“相扑”，是因为它的站姿跟相扑的站姿很像，双脚间距很宽，手臂需要放在膝盖内侧。大个子的日本男人喜欢这种硬拉姿势，因为这样可以大大减少他们的大腿摩擦。我指导过的一位女士坚持称这种硬拉变式为“下蹲硬拉”，因为“相扑听起来不够女性化”。我说，见鬼，你喜欢就好，就这样吧！

有些朋友之所以选择相扑硬拉这种变式，是因为相扑式的站姿对臀肌力量有明显的强化作用。另外一些人，通常是上半身较长同时手臂较短的人，他们更喜欢相扑硬拉是因为这种变式对他们的身体结构来说做起来更为自然。一些世界级的力量举运动员会以对他们来说最难的硬拉变式开启一个训练周期，可能是相扑硬拉，也可能是传统硬拉，然后，随着杠铃重量的增加和自身状态逐渐接近峰值，他们会换到更适合自己发力的站姿。这是一种扎实有效的训练方案。体会一下。

站立，双脚以舒适的间距分开，脚尖外展30° ~45° 。你应该能够在膝盖指向跟随双脚的情况下站在杠铃杆近前。如果你的双脚无法外展足够的角度，使你无法正常站在杠铃前，那么你需要做一些拉伸腹股沟肌肉的练习！

所有适用于传统硬拉的技术也适用于相扑硬拉。有一点不同，那就是锁定姿势。

你可能很难在较宽的站姿下推动你的髋部通过，杠铃杆往往会拖后。

挺胸，同时想象“用两半屁股夹住一枚硬币”会有所帮助。此外，你要想象自己正在努力“长高”。

姿势正确的相扑硬拉

姿势错误的相扑硬拉

改良版的罗马尼亚硬拉（强化腘绳肌和小腿肌肉力量）

可以像下面这样修改传统硬拉。

双脚脚尖正对前方，没有外展。保持身体重心位于脚后跟，保持小腿完全垂直于地面。想象一下，你被困在没膝的混凝土里的感觉。

开始上拉杠铃时，相比传统硬拉，膝关节要伸得更直，髋部的位置更高。你的腘绳肌肯定会备受煎熬！

为了让你的训练更火爆，以增强对小腿肌肉和腘绳肌的刺激，可以在你的脚尖下方垫上书或木板。

罗马尼亚硬拉。背部没有传统硬拉时那么挺直，脊柱的生理弯曲更为明显

在尝试这些难度提高的变式之前，请确保你拥有足够的身体柔韧性

站在箱子上的鸭式硬拉（强化股四头肌）

脚尖和膝盖外展约45°。确保它们在训练过程中始终指向相同的方向。

作为一种选择，训练者可以站在高达4英寸（101.6毫米）的坚实平面上，以增加动作幅度，让你的大腿肌肉体会更多辛劳。为杠铃杆更换直径尺寸较小的杠铃片能起到同样的作用。与传统硬拉相比，鸭式硬拉中的躯干更偏向直立，髋部的位置更低。

试一试吧！

站在箱子上的鸭式硬拉可以强化股四头肌

没有箱子辅助的鸭式硬拉

抓举式硬拉（强化背阔肌上部和上背部肌肉）

这种硬拉变式本质上是一种握距很宽的传统硬拉。在训练之前，应确保你的肩膀和手腕能够承受得住。

抓举式硬拉可以强化背阔肌上部和上背部肌肉

锁握

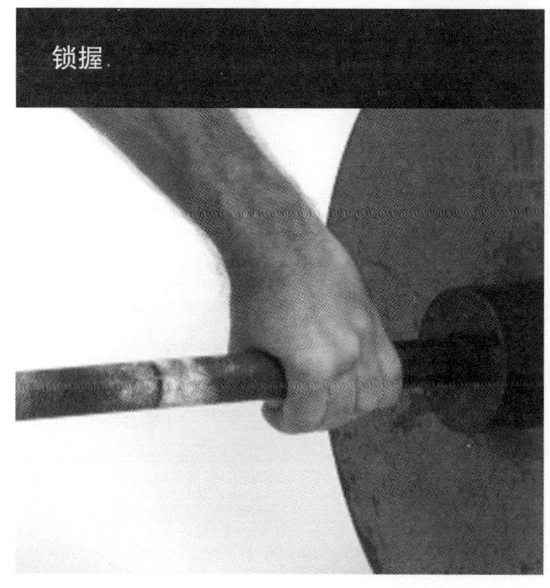

使用举重运动员通常说的“锁握”方式握杠，即把食指和中指（如果可能的话）绕在大拇指上。锁握很痛苦，但它可以让你在不使用正反握的力量举式抓握的情况下抓牢重物。握法一般不是问题，最终，大多数人都不会为此而烦恼。

按照基本的硬拉技术要求完成动作，需要特别注意的是，肩胛骨应内收彼此靠近。通过耸肩完成抓举式硬拉的锁定，不要通过肱二头肌发力上拉杠铃。

翻举式硬拉（强化抓握力）

除了抓握方式，这种变式和传统的硬拉都是一样的。正手握杠——无须锁握——的抓握方式，使这种变式可以很好地锻炼手部和前臂的肌肉。

我最喜欢的将翻举式硬拉融入训练的方式是，在一个训练周期开始时训练翻举式硬拉，当我无法握持重量时，切换到正反手抓握的传统硬拉。

硬拉锁定或健康硬拉（强化核心区肌肉、斜方肌和抓握力）

膝盖高度以下的硬拉也被称为“健康硬拉”！如果你有可用的框式深蹲架，训练锁定会非常有益。这些动作幅度减小的硬拉变式能够使你承受更大的重量，且同样可以锻炼众多的肌群。

像标准的正反手抓握硬拉那样完成锁定。一定要通过挤压两半屁股起始上拉，而不是用背部肌肉上拉杠铃。注意保持所有肌肉全程都绷紧。

第十二章 推举

侧向推举

推举类练习有几十种之多：卧推、平行双杠屈臂撑、上斜哑铃推举……老派的侧向推举是本书的独家选择！

原因有以下7个：

1. 侧向推举是一种全身练习，可以很好地锻炼身体中段核心区的稳定肌；

2. 侧向推举要求训练者用一只手臂举起一根7英尺（2.1米）长的杠铃杆，因此对抓握和各种稳定肌都有很好的锻炼作用；

3. 侧向推举比起真正的双臂实力举更容易完成和练习；

4. 侧向推举会培养你养成过顶举重的好习惯，这些习惯在日常生活中能够派上用场；

5. 侧向推举将肩胛置于外旋的位置，增强了训练的安全性，并能强化肩袖肌肉；

6. 侧向推举鼓励使用背阔肌和“腋下肌肉”来稳定肩关节，从而大大提高了训练的安全性和持久性；

7. 侧向推举训练不需要保护者，也不需要卧推凳或框式深蹲架等额外的设备。

首先用双手握住杠铃杆的一端套筒，将杠铃向一侧倾斜。确保你使用的杠铃卡扣能够完成任务（固定杠铃片）。随着杠铃片重量的增加，常规的弹簧卡扣可能满足不了任务要求，可以考虑购买一对顶级的举重比赛专用卡扣。当然，图中使用空杆展示动作，没有用到杠铃片和卡扣。

当杠铃杆垂直于地面竖立时，用一只手抓住杠铃的重心位置，吸气，然后，当你把杠铃杆上举到肩膀上方时向下倾斜杠铃。保持身体绷紧，不要后仰。

侧向推举前将杠铃有序“吊装”到位本身就是练习。请仔细执行操作步骤以避免受伤

不用说，对大多数训练者，甚至是男人来说，从一根45磅（20.4千克）重、7英尺（2.1米）长的空杆开始是一项艰巨的任务。一根短小的15磅（6.8千克）重的“曲柄弯举杠铃杆”会非常方便。如果杠铃重量是一个挑战，你可以用小号杠铃片开启你的力量训练周期。

你的腹部肌肉应该是绷紧的；你的髋部和腿部肌肉同样应该绷紧，双脚要用力蹬地。切勿后仰或扭动身体！

这里有一个有用的练习，可以帮助你做到以上几点。站在门口，双脚间距与肩同宽。将一只手贴靠在门框顶部。不要过度抬高肩膀，开始慢慢地用手臂将身体推离门框，同时用腿将身体推离地面。保持腹肌和臀肌绷紧，浅呼吸。

几秒钟内，将肌肉张力提升到最大值。注意，当全身成为一个刚性的整体，而不仅仅是靠手臂推动时，你会感到动作是那么的有力和稳定。试试吧，好好体会。

侧向推举中，杠铃的起始位置应该位于颈后（如下图所示）。下压发力侧的肩膀和肘部，就好像你在打别人的头一样。吸气，像上次练习时那样绷紧全身肌肉，并用尽全力挤压杠铃杆。

准备推举

现在，与其说是在上推杠铃，不如说是在把自己推离杠铃。这种形象的提示可以防止肩膀过早抬起、失去力量和受伤。

把杠铃稍微向侧面推开，这样你的身体会稍向外倾斜。这个动作可以很好地锻炼你的侧面肌群，比如背阔肌、斜方肌等，并使你能够承受更大的重量。侧身也会阻碍身体后仰（这是决不允许的），提高训练的安全性！

身体向外倾斜时应避免任何扭曲！尽量保持背阔肌或“腋下肌肉”绷紧。

侧向推举中段的动作

当你伸直手臂并锁定时，呼出一些气，放松一下。不要做得过火，过犹不及，你的背部或肩膀可能会受伤。

再次吸气，用力挤压杠铃杆，并积极地用肘部将杠铃向下拉，就好像你试图用肘部打碎一块砖那样。

连续诱导能够增强力量，同时对保护肩膀有显著作用。

随着杠铃的放低，你的身体会恢复垂直站位。当你把肘部放低到最低点时，稍微放松身体，呼出一些空气，准备下一次重复。

侧向推举顶部的动作

错误的起始姿势

错误的中段动作

如果使用标准的奥林匹克杠铃杆，甚至短小的曲柄弯举杠铃杆存在困难，可以试着从一片小杠铃片开始，直到25磅（11.3千克）的杠铃片。在逐渐适应重量后，再尝试使用杠铃杆

卧推

如果你打算选择另一种使用自由重量的推举练习，例如卧推，也没关系，只要你知道如何正确地训练。

地面版卧推（强化胸肌）

老式的地面版卧推既是穷人对卧推的回答，也是卧推便利性的体现——每个人都有地面可用!

非常重要的是，在整个组内训练过程中，你的肩膀都应该向下压紧地板，同时与双脚对齐！向前滚动肩膀或耸肩会导致受伤，以及训练效果打折扣。

为了让肩膀压下，在保护者把杠铃递给你之前，你应该想象着用肩胛骨夹住一个网球，同时把胸廓尽可能高地抬起。你的下背部会沿着生理弯曲的曲线微微拱起。准备就绪了。

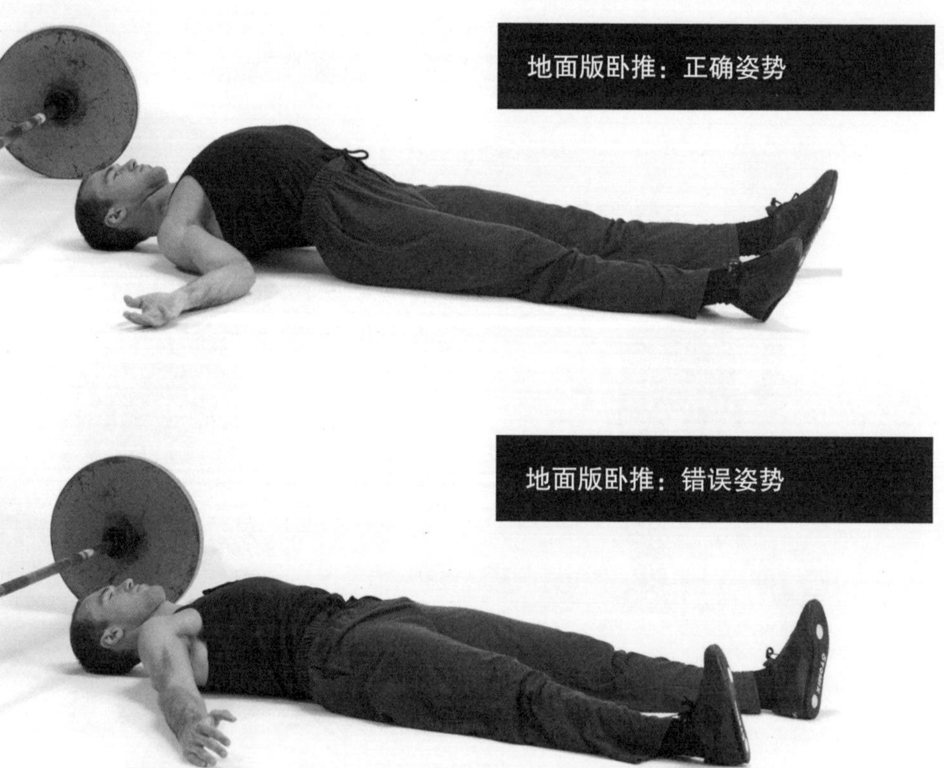

平躺在地板上，双腿伸直，双脚间距与肩同宽。让一个训练伙伴站在你的头顶附近，抓起一个杠铃递给你。在你调整握力、握姿时，训练伙伴应该握住杠铃杆以承担杠铃的重量，然后帮助你将杠铃杆移动到胸骨上方。

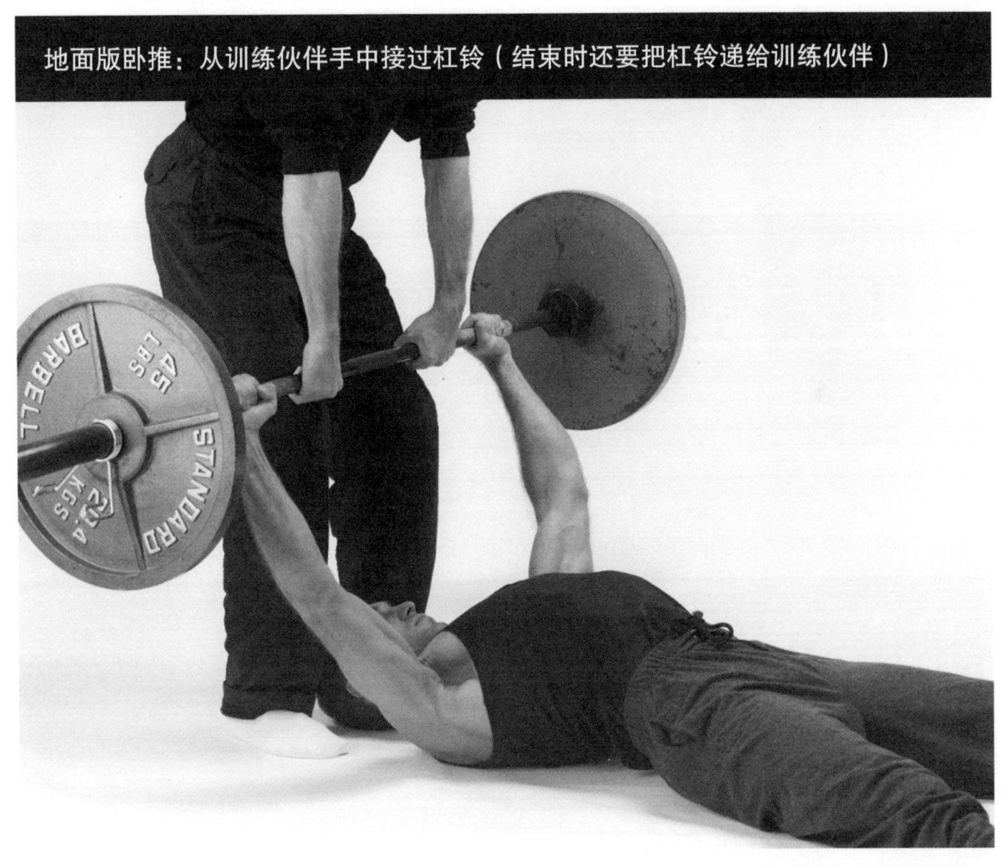

地面版卧推：从训练伙伴手中接过杠铃（结束时还要把杠铃递给训练伙伴）

使用舒适的双手间距握杠。这个间距不要太窄或太宽，否则会给你的手腕带来巨大的压力。通常，与肩同宽或者在此基础上增减几英寸，都是可以的。此外，保持手腕伸直（即中立状态，既不弯曲，也不伸展）；过度伸展手腕会带来很多问题。如果你很难保持手腕伸直，握紧杠铃杆会有所帮助。

一旦把杠铃杆移至胸骨上方（不是脸或喉咙上方），你要最大限度地吸气。在保持身体姿势的同时，径直向下放低杠铃，直到肘部支撑在地板上。此时，你的前臂应该与地面垂直。想象把你的肘部拉到地板上，完成一次紧凑而可控的下降会有所帮助（如照片所示）。很多力量举运动员运用这种技巧取得了巨大成功。

地面版卧推：握紧杠铃后开始放低杠铃

地面版卧推：错误姿势，杠铃太靠后了，应该像图中虚影展示的那样，杠铃杆位于胸骨上方

在放低和上举杠铃的过程中，试图“扭断”杠铃杆会显著影响背阔肌的状态，并进一步增强训练的有效性和安全性。

地面版卧推：展示“扭断杠铃杆”的概念。在调动背阔肌发力的同时尝试转动肩膀

地面版卧推：底部姿势

呼出肺部的空气，再深吸一口气。保持整个身体的刚性，双手用力挤压杠铃杆，并试图将身体推开以远离杠铃杆。用力挤压杠铃杆会增强所有相关肌肉的收缩程度。想象把身体推离杠铃杆压到地板上有助于保持肩膀下压。

杠铃杆应该径直向上移动。不要向脸的方向移动。在你锁定杠铃时，不要试图通过滚动肩膀使其抬离地板从而将杠铃举得更高（如照片所示）。肘部锁定后就可以了——就这样，然后要准备下一次重复了。呼气，再次吸气……好吧，现在你知道该怎么做了。

地面版卧推：正确的起始姿势和结束姿势。起始之前和结束之后，都应由训练伙伴承担重量

反握地面版卧推（强化肱二头肌和外侧肱三头肌）

这个卧推变式是锻炼肱三头肌外侧头或手臂外侧的第一步。这个练习对肩关节来说也没有困难，因为手臂被紧紧地“拧”进了肩关节窝里。如果肩部受了伤，你需要咨询医生，这个练习是否适合你。

为了找到合适的双手反握间距，可以将双手放在弯举时的起始位置。你会注意到，你的手臂会自然地向两侧伸出，而不是垂直于杠铃杆直接伸出。

为反握地面版卧推做好准备，并假设现在的握姿最为舒适。

将手指稍微向外转动，让杠铃杆位于双手形成的凹槽中。相比常规卧推，反握卧推需要更多的控制力，而且黏滞点也不同。你要做好充分的准备。

杠铃弯举

太累了。不想争论。我并不认为，弯举是一项值得称道的练习，但弯举对美国男性有着致命的吸引力。既然年轻人无论如何都会选择这项练习，那我不如教给他们正确的训练方法。

用上一个练习（反握地面版卧推）中使用的比肩宽更大的握距握住杠铃杆。吸气，用力收缩臀肌和腹肌。双脚用力蹬地，同时下压肩膀。在整个组内训练期间保持这样的状态。

用力挤压杠铃杆，完成一次重复。然后呼气，在弯举的顶部稍稍放松。

吸气，并再次绷紧身体。放低杠铃，通过用肱三头肌将杠铃向下推开远离身体的方式完成。可以让你的肘部稍微向前移动，但不能向后移动。

将弯举插入你的训练中，安排在硬拉和推举之后，并遵循标准的周期化模式训练。如果遇到什么问题，可以联系我，祝你好运。

弯举的起始姿势

弯举的初始上抬姿势

弯举的结束动作

完整的弯举过程

第十三章
杠铃训练常见问题

装备

花哨的运动鞋、镜子、手套和腰带都是昂贵而危险的，无法满足有效训练的需要。要敢于对这些东西说不。如果做不到，你需要寻求帮助。

鞋子

俄罗斯有一个笑话，讲的是一个人穿的鞋比他的脚小两码。他抱怨自己的悲惨生活，觉得人生中唯一的幸福就是回家脱掉鞋子！如果你脱掉了鞋子，你会比这个家伙更快乐——至少在你举起杠铃的时候是这样。

维尔霍山斯基教授和西夫博士警告说："适合有氧运动的跑鞋或任何减震鞋在健身房里都存在潜在的不安全性。例如，在硬拉、站姿推举和其他需要站立的练习中，鞋底的任何部位都会因为受到挤压而出现形变，导致站立不稳，甚至受伤。此外，高跟鞋也是不合适的选择，它会使身体重心向前移动，从而增加膝关节的应力，并改变安全地将大重量杠铃拉离地面所需的最佳运动模式。这些都是力量举运动员选择穿硬底无跟鞋的主要原因，这种鞋跟芭蕾舞鞋很像。"

还有更多技巧。肌肉收缩的力度是由脑力和各种反射的总和决定的。当你举手投

篮时，你会用到拉伸反射。另一种增强力量的反射被称为正支持反射。这种反射会响应脚底的压力刺激，导致腿部肌肉收缩。这是一种防止过载的保护措施。

研究表明，总是穿鞋会降低脚的敏感度，进而关闭对增强力量友好的反射。太糟糕了，因为当杠铃想把你像虫子一样压在挡风玻璃上时，你必须利用任何可能得到的帮助！唯一认识到这个问题的是来自明尼苏达州的铁人弗雷德·克拉里（Fred Clary）博士，他是一台曾经举起900磅（408.2千克）重量的人类起重机。弗雷德经常光着脚进行1000磅（453.6千克）以上的深蹲训练，“只是为了释放脚底的受体”。弗雷德认为，光脚训练能够保持伸肌反射受体的敏感性，使他能够举起更大的重量。

当然，也不必扛着半吨重量四处走动。既然健身房喜欢干净，不喜欢你的脏脚趾刮蹭地板，那就给自己买一双“硬拉鞋”。它们看起来很像芭蕾舞鞋，颜色也不止一种。玩得高兴。

另一种选择是鞋底不易弯曲的平底鞋，例如查克·泰勒的匡威老式篮球鞋。许多精英力量举运动员都喜欢这种低调的硬底设计。它们有一个平坦的薄鞋底，有助于保障你的训练和安全性。

科学家相信，适合跑步、有氧运动的鞋子和其他花哨的运动鞋会造成伤害，如果没有它们，伤害是不会发生的！事实上，那些气候宜人的国家的赤脚人口与美国人和其他尊敬阿梅尔达·马科斯（Amelda Marcos）的人相比，跑步受伤的人数更少。伸肌反射会根据地面压力的方向，以精确的模式动员腿部肌肉收缩。设计不当的鞋子可能会将压力转移到没有感受器的位置，并改变合适的肌肉动员模式。

此外，具有高减震性能的鞋子会延缓压力向鞋底的传递。这有点像克格勃为了确定一个装聋作哑的人是否真的是聋子而设计的一个狡猾的把戏。克格勃特工会让间谍嫌疑人将脚本读入麦克风，并稍微延迟一点将其反馈给耳机。这不会使一个聋子失聪，但很容易迷惑伪装的间谍。装聋作哑的间谍会栽在这个把戏中，无法继续装下去。减震运动鞋舒适的鞋底都很厚，会对你的伸肌反射开同样的玩笑，导致硬拉重量的减少和受伤概率的增加。

查克·泰勒可能是最适合重量训练的全能鞋，其鞋底不会出现过多的形变，从而有助于提高你的训练成绩。

手套

出于同样的原因，你也要与举重手套说再见。当你做推举练习时，你的手臂也会产生正支持反射。

“人体有许多反射，它们的存在主要是为了保护身体免受伤害。例如，研究表明，小指侧手掌肉质部分附近的压力……会引起上臂伸肌做出反应。这会刺激……肱三头肌更有力地收缩，从而反射性地提高整个上臂的稳定性。”生物力学专家、训练经验丰富的力量举运动员托马斯·麦克劳林博士如此解释道。

手套会减弱来自手上的压力，破坏你的推举过程，就像减震鞋会干扰你的硬拉动作一样。此外，以麦克劳林博士建议的方式徒手握住杠铃杆——“这样尝试一下，你会惊讶于这种方式带给手臂的力量感和舒适感”。用力挤压杠铃杆能够增强你的整体力量！

镜子

在扔掉手套和舒适的运动鞋后，让我们顺路把健身镜也送走！

罗伯特·罗曼教授曾经在举重台上为苏联夺得金牌。如今，他已经成为一名顶级举重教练，并用他的革命性方法培养了许多年轻的举重运动员。罗曼坚信，是否培养出了卓越的、针对运动专项的身体意识是决定一个运动员优秀或伟大的关键！

只是拥有肌肉是不够的，你必须知道如何使用它。苏联的大量实验表明，即使是精英举重运动员也会在估计举重高度、力量大小等方面犯下严重的错误。随着能够最大限度地提高罗曼所说的“肌肉–关节意识”的特殊技术的开发，顶尖选手再次超越了自己，一些屡战屡败的大赛失败者也完成了华丽转身，跻身世界级选手之列！

罗伯特·罗曼的运动员通过举重，确切地说，是蒙着眼睛举重，来发展他们的肌肉–关节意识！对此，罗曼解释说，由于我们的日常活动严重依赖视觉，所以我们没有足够注意来自肌肉、肌腱、韧带和关节的各种感觉。蒙上眼睛时，举重运动员被迫倾听身体的“声音”。与凝视镜子的健美运动员所相信的完全相反，这大大提高了技

术的准确性及稳定性！

戴上一副乘飞机使用的眼罩，开始你的肌肉–关节意识训练。罗曼不建议闭着眼睛训练举重，因为这会分散你对应做之事的注意力。关灯训练可能是一个不错的选择，但健身房老板可能会反对，因为他必须保证，其他人不会被哑铃绊倒，或者头撞在史密斯机上。所以，蒙上眼睛是可行的办法。

先睁开眼睛硬拉或推举较小的重量，然后蒙上眼睛，在训练组或重复之间交替睁眼和闭眼，同时注意，在你可以盲举给定重量之前不要增加杠铃的重量。不要只做动作，而要更专注于身体提供的各种反馈：肌肉张力、关节角度，等等。当感觉不对劲时，纠正错误，同时记住错误的类型和纠错的感觉。

这个训练的目的不是让你的举重动作变得更漂亮，而是提高训练成绩。通过巧妙的技术，帮助你举起更大的重量。只要问问4次力量举世界纪录保持者贾德·比亚西奥托博士就知道了，他投入了很多时间用自己设计的特殊技术来培养自己在深蹲时的身体意识。“我逐渐能够意识到我在每次举重过程中使用的肌肉。当我被困在举重的黏滞点时，我能确切地知道应该动员哪些肌肉，以及如何集中力量来完成举重。”经过这种训练，他以130磅（59.0千克）的体重举起了605磅（274.4千克）的重量！毫无疑问，他的本体感觉敏感性训练得到了回报。

即使没有勇气偶尔蒙上眼睛训练，你至少要停止使用镜子。我的一个朋友就是因为在一个有很多镜子的健身房训练深蹲而导致背部受伤。那里的镜子比拉斯维加斯酒店的房间还要多，他被镜子的反射弄得混乱和分心，最终受伤。

腰带

在决定运动期间的呼吸方式之前，请咨询医生。如果医生看不上屏住呼吸，你可以选择：“在发力的同时用力呼出空气……把你的嘴想象成花园软管的喷嘴，然后收窄通路，将空气以高压气流的方式呼出。随着越过练习的黏滞点，你要张大嘴巴，尽快排出肺部的空气。”这是斯坦福大学的兰德尔·斯特罗森（Randall Strossen）博士的建议，他对现代和老派力量训练都非常了解。他还提醒训练者，在动作的收尾阶段，肺部一定要留存部分空气以稳定脊柱。这一点对于硬拉训练尤其重要！

举重腰带有助于保持较高的腹内压，从而通过呼吸肌反射增幅力量，并有效地保护脊柱。想象一下，用一个轮胎把脊柱围起来，然后给轮胎打气是什么样的感受。被皮带挤压在身体内部的空气也是类似的情况。

但这并不意味着，你应该使用举重腰带。在《回到未来》（*Back to the Future*）这部影片的第三部分，一名头发花白的持枪战士用一块铸铁板巧妙地保护了男主角的腹部。今天的健身鼠沿袭了这种投机取巧的做法，普遍使用1英尺（30.5厘米）宽的装甲腰带保护其柔软的腹部。大错特错。控制腹内压是核心区肌肉工作的一部分。持续使用腰带，尤其是在其训练体系中没有适当的腹肌训练的情况下，会造成核心区力量的薄弱。我的一位朋友曾经参加一场不使用腰带的、原汁原味的无装备力量举比赛，他惊讶地发现，自己的腹肌居然先于腿部肌肉力竭了！对辅助装备说不，坚持锻炼出坚如磐石的腹肌，形成一条贴身又高效的“虚拟腰带”，就像尤里·斯皮诺夫那样。这位来自乌克兰的人类起重机，即使在深蹲914磅（414.6千克）时也没有佩戴任何腰带！

拉伸

拉伸的界限

苏联的突击队队员都知道，一块可以轻松放松到极限伸展状态的肌肉就是一块训练到位的肌肉。用力快速击球，举起大重量，在没有热身的情况下投入行动，并在一夜之间恢复如初。没有食物和睡眠，每一次努力都筋疲力尽，在全面接触的肉搏战中浑身浴血，我们仍然能在闲暇的时间里做一些单臂引体向上和立定跳远这样的练习。

你想变得超级强壮并活着讲故事吗？朋友，开始向俄式训练的方向发展吧！你将告别大部分的伤痛，而众多资深举重教练固执地认为，它们是比赛的一部分。你会以两倍于你朋友的速度从大重量的硬拉中恢复过来，你会更快地变得更强壮。

别忘了一句老生常谈的话，那就是拉伸会增加受伤的概率。如果你的肩膀很疼，胸部上方的杠铃杆很难再挪动分毫，你将不得不把卧推重量减少50磅（22.7千克）。如果每次发力时背部都会受到电击般的惩罚，那么你什么也做不了，更别提变得强壮了。

老派的大力士都会本能地避免拉伸。他们觉得如果他们能够保持身体“绷紧”的话，他们可以举起更大的重量。他们是对的。虽然牵张反射被更早地激发，使得他们更容易受伤，但是这也有助于他们移动更大的重量。

俄罗斯的奥林匹克举重运动员都会避免让髋关节和膝关节周围的肌肉练习全幅度的动作。因为当举重运动员处于杠铃下方时，这两个部位具有过高的柔韧性会使举重者的身体下沉得太深。同样的道理也适用于力量举。幸运的是，力量举运动员是受到拉伸神话、高碳水化合物/低脂肪/低蛋白质饮食，以及其他愚蠢的流行健身文化观念影响最小的群体。

这并不是说力量举运动员不需要身体柔韧性。他们是需要柔韧性的——但不会超出以良好姿势举重时所需的必要柔韧性的范畴。例如，紧绷的腘绳肌（缺少柔韧性）会“把你的臀部向下收紧”。结果，在深蹲和硬拉时，背部力量被浪费在了对抗你自己的腘绳肌，而不是用于举起更大的重量上。

苏联研究员、举重冠军、教练罗伯特・罗曼认为：当一名运动员以背部拱起的姿势而不是保持背部平直的姿势举重时，他会失去15%的拉力。这可能就是第一名和最后一名之间的区别！

还有，你的腘绳肌或背部可能会受伤。腘绳肌需要花费很长时间才能痊愈，但这并不是世界末日。背部受伤才是一个更严重的问题。一条适当弯曲的脊柱可以支撑10倍于一条笔直脊柱所能支撑的重量，更远远超过一条拱起的脊柱所能支撑的重量。听说过椎间盘爆裂吗？听起来就像是一条高压线短路了！

苏联的举重传奇人物尤里・弗拉索夫回忆道：“我在每一次训练和每一种可用的练习中都伸展了脊柱。因为我虔诚地遵守这条原则，所以，在我从事举重的这些年里，我从未想过，运动员的背痛是如此常见。”弗拉索夫可以轻松地弯下腰，伸直并锁定膝关节，然后用头抵住胫骨。当然，绝大多数运动员没有他这样的身体天赋。

具有讽刺意味的是，以上这些并不意味着，你应该在举重训练前拉伸或热身。使用较小的重量，最多做2～3组、每组2～3次重复的热身，你就可以熟悉动作路径。即便如此，在我看来，这还是有些过头了。你已经用较小的重量开始了你的力量周期，当你开始移动大重量时，你应该已经发展出了不错的技术。你要明白，无论是否热身和拉伸，你都可能受伤。正如法国人所说的，这就是生活！

经典的苏联文稿《体育教育的理论和方法》（*The Theory and Methodology of Physical Education*）警告说：“一个人必须记住，在某些情况下，过度的柔韧性不仅不能对运动员使用技巧有所帮助，而且会通过‘分散’作用力的方式干扰技巧的使用

（例如，当你起跳时，非常柔韧的脊柱和放松的躯干只能拖后腿）。”

无论你从事的运动项目是什么，请小心留意过多的柔韧性对你的运动表现所产生的影响。柔韧性高到一定程度的时候，你的运动表现可以通过运动效率的提高和受伤频率的降低得到改善。但一旦越过那个临界点，你反而会处于危险之中。

除了上面提到的健康管理的好处，科学的拉伸还能让你变得更加强壮，如果这是你的愿望，那就为你的骨头加点肉吧！你知道吗，这个星球上最迅猛的肌肉生长发生在长期拉伸的肌肉上。在1个多月的时间里，鸟类翅膀的肌肉量可以增加334%！根据推测，拉伸引起的肌肉损伤似乎会引发肌肉细胞分裂或增生。虽然促进人类肌肉生长的很多机制还没有搞清楚，但这种可能性还是很棒的！

在耶菲莫夫（Yefimov）1977年的一项研究中，俄罗斯举重运动员的数据表明，当他们在两组之间加入专门的负重被动拉伸训练时，他们的力量平均增加了9.4%。后来，韦恩·韦斯科特（Wayne Westcott）博士在美国进行的另一项研究表明，刚刚完成了20秒力量训练并拉伸的受试者相比在力量训练结束后没有安排拉伸训练的对照组成员获得了近20%的力量提升！韦斯科特博士无法解释为什么，但他认为，收缩和拉伸是肌肉的两种基本功能，如果其中一种功能缺乏训练，那么另一种功能也无法得到充分的发掘。可以把收缩和拉伸理解为肌肉功能的阴阳属性。

那么，你可能会问，为什么大多数的拉伸狂热者都没有获得这样的提升呢？因为他们的拉伸做得不对。俄罗斯的白刃战教练弗拉德·法捷耶夫（Vlad Fadeyev）指出，一个拳击手无法承受西方国家开发的、松垮的拉伸系统。你也不能。另一种选择：俄式拉伸！

在东欧的体育运动科学中，拉伸被认为是一种力量训练形式。是的，如果你做得对的话。参加弹震式柔韧性训练，可以增强肌肉和肌腱像螺旋弹簧一样储存能量的能力。这只是最基础的。在卧推放低杠铃时，如果能为胸肌和三角肌加载更多的张力，你就能举起更大的重量。在澳大利亚的一项研究中，一组经验丰富的力量举运动员每周拉伸两次上肢带，短短的8周后，他们的卧推成绩平均提高了15磅（6.8千克）！

一些先进的柔韧性训练，特别是关断阈值等长拉伸和筋膜拉伸，能够通过使高尔基腱器脱敏，使肌肉力量增强20%。高尔基腱器是限制力量的主要开关。一旦肌肉记录到超过极限的力量，结缔组织中的这些微小传感器就会关闭对肌肉力量的动员。做正确的拉伸训练，就可以把油门踏板下的砖块拔出，从而解除抑制！

现在明白了。只有正确的、专门的柔韧性训练才能帮助你获得超强的力量。

力量和肌肉

提倡使用大重量训练并不是什么阴谋，而且，大重量举重训练并不一定会练出大块头!

增肌的原理

事实上，你在大力士比赛中看到的300磅（136.1千克）重、5英尺（1.52米）高、4英尺（1.22米）宽的人，他们混淆了因果关系。这些家伙天然适合举重游戏，因为基因天赋赋予了他们先天的杠杆优势。他们之所以擅长举重，是因为他们有这样的身体优势，而不是反过来，举重塑造了他们的体形。引用马克·吐温的话：“先了解事实，然后你就可以随心所欲地歪曲它们。”

是什么促使肱二头肌生长的？根据能量理论，肌细胞在任何特定时刻拥有的能量或ATP都是有限的。这些能量以两种方式被使用，即合成蛋白质和机械做功。通常，肌肉处于合成代谢与分解代谢的平衡状态，就像一个有相同的“注水量”和“出水量”管道的游泳池。在日常活动中降解的蛋白质与细胞重新合成的蛋白质数量相当，蛋白质总体处于一种平衡状态。然而，当肌肉抵抗巨大的阻力被迫收缩并大量做功时，它会用掉肌细胞ATP池中大部分的ATP。这样一来，用于蛋白质合成的能量变得很少，分解代谢开始占据主导地位，肌肉的质量开始减少。

在这种破坏之后，随着细胞能量池的恢复，肌细胞有机会将其能量引导到合成代谢途径中。此时的肌细胞会变得很疯狂，合成比之前训练中损失的更多的蛋白质！这是肌细胞的生理适应性，为了防备之前的情况再次出现，多合成一些蛋白质以备不时之需。

进一步地，你有必要了解肌肉的两种生长类型：肌浆肥大型和肌原纤维肥大型。其中肌原纤维肥大型是“真正的”肌肉生长，肌纤维在获得更多肌原纤维的同时体积增大。这样的肌肉会越来越强壮，越来越致密。

肌原纤维肥大是通过大重量训练获得的。而肌浆肥大是高重复次数训练导致的肌肉细胞质体积的增加形成的。

肌浆占到肌细胞体积的25%～30%。线粒体是细胞的“动力车间”，在肌细胞发育良好时，可以占到肌细胞体积的20%～30%。线粒体也是通过高重复次数刺激生长的。毛细血管同样是这种情况：20世纪80年代初的一项研究发现，精英健美运动员每

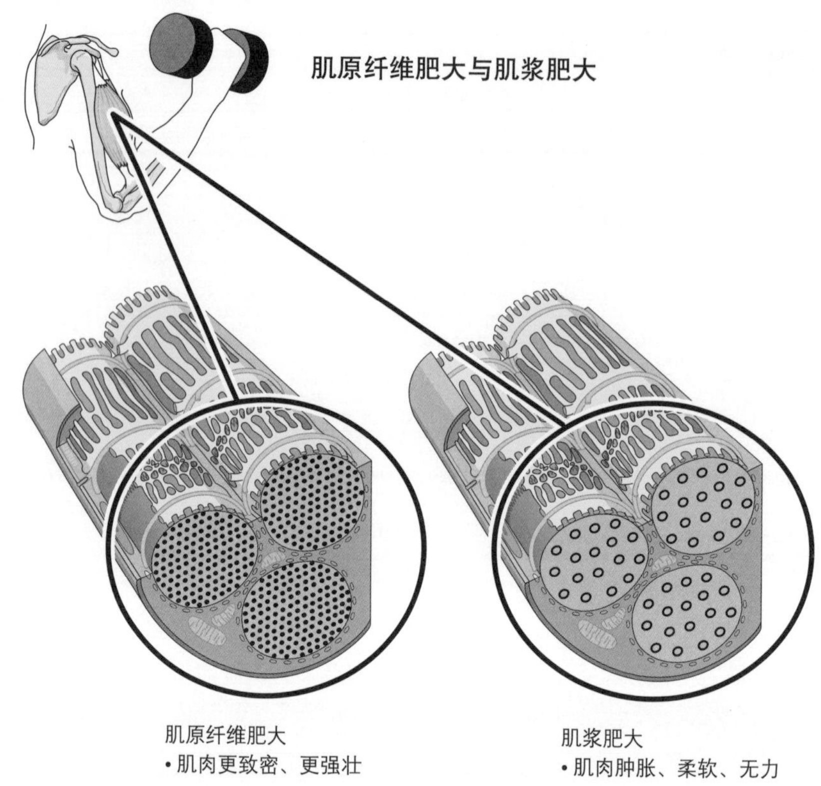

肌原纤维肥大
• 肌肉更致密、更强壮

肌浆肥大
• 肌肉肿胀、柔软、无力

根肌纤维中的毛细血管数是普通训练者的两倍！

不过，增加毛细血管密度或增加细胞质体积只能算是一种功能补偿，不涉及结构性的改变，我个人认为，意义不是很大。

重复次数的影响

短暂的大重量举重训练往往会使肌肉变硬，而不是快速增加肌肉体积，使用较小的重量较长时间地训练更有助于增肌。

——威廉·布莱基（William Blaikie），

《如何强壮和保持强壮》（*How to Get Strong and How to Stay*）作者

现在，你想好了如何在不长肉的情况下举起大重量了吗？我感觉自己就像《翘课天才》（*Ferris Bueller's Day Off*）中的社科老师。如果你没有看过这部有趣的美国经典作品，我强烈推荐你看一看。老师正在向一群流着口水的孩子解释收入曲线。同学们，有人知道什么是“巫毒经济学”吗？或者如何在肌肉体积不变大的情况下变得更强壮、更有力？使用大重量训练，同时保持较少的运动量或每次训练的总重复次数。这样做是为了最大限度地减少肌肉的“撕裂”，以及随之而来的重建。

“低重复次数”到底需要多低？确切的数字会因人而异，但通常情况下，如果你的总重复次数保持在10次及以下，就没有任何问题。

大重量训练

如果你一直以来疏于锻炼，那么任何活动，包括大重量举重，甚至打字，都可能在开始时刺激肌肉的增长。不要把这种现象看作是肌肉的增加，充其量你只是恢复到了你本来应有的模样。这有点像打石膏卧床休养一段时间之后，你的身体尺寸看上去没有什么变化，而你的体重却增长了一些。这是因为肌肉收缩蛋白的密度增加了，这才是肌肉真正开始生长的开端。祝贺你！肌肉越致密，就会越坚硬。

如果你追求的是在获得力量的同时保持体形，那么你应坚持短时且大重量的训练。我的朋友贾德·比亚西奥托博士在其早期的每次训练中都会安排两个大重量的“3次组”，并创造了以132磅（59.9千克）的体重深蹲605磅（274.4千克）的佳绩。后来，贾德成为一名非常成功的健美运动员，他增加了自己的体重和肌肉尺寸，开始以325 × 30的方式训练深蹲。与之前创造4项世界纪录时相比，他的大腿更加粗壮，但他现在的训练重量只有过去的一半。

要想在肌肉不变大的情况下变得更加强壮和有力，就要使用大重量训练，且不

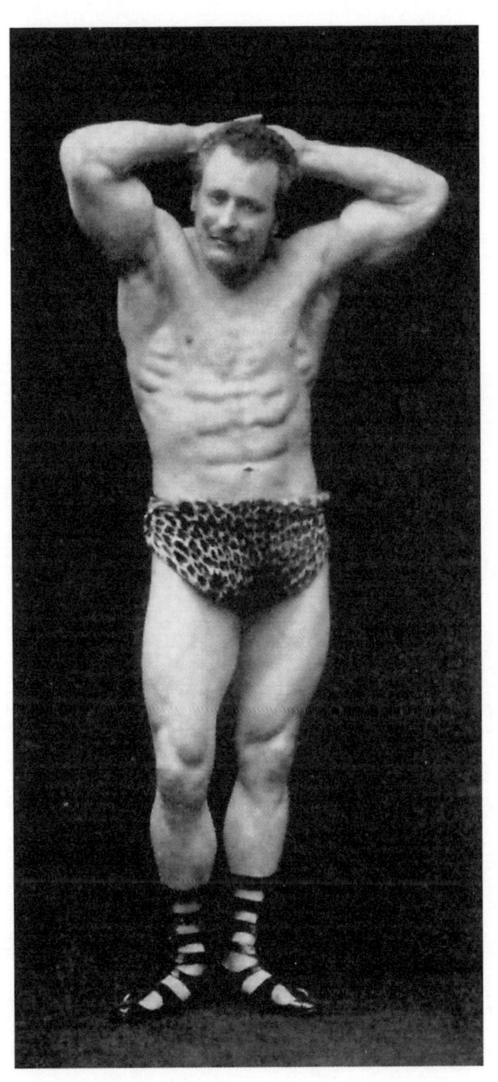

俄罗斯人尤金·山道，拥有有史以来最完美的身材比例。山道无论站在哪里都会展现出完美的曲线。即使在放松的时候，他的腹部也呈现出现代健身鼠羡慕不已的六块腹肌

要做很多组。

“为什么我很难练出翘臀？”“为什么我不能增强我的肱三头肌？”这些问题前文已经详细阐述过了，在这里再次强调，无论是臀肌还是肱三头肌，抑或其他任何肌肉，挖掘其力量潜能只能通过大重量训练来实现。挤压臀部这样的愚蠢动作，以及使用较小的重量以高重复次数训练至力竭的方式，只能使它们永远保持平坦和下垂！

你想体验被撕裂的感觉吗？那就训练大重量！

你可能仍然忍不住会问，“那为什么健美运动员比力量举运动员看起来更‘瘦’呢？”他们的训练重量比力量举运动员的更小，但肌肉轮廓看起来更分明。我们是不是搞错了什么？

事实上，这是很多人混淆了举重级别后留下的错误印象。无限制级别的举重运动员确实比较胖，但较轻级别的举重运动员往往非常瘦。198磅（89.8千克）重的俄罗斯奥运举重传奇人物戴维・里格特，体重123磅（55.8千克）的玛丽・杰弗，体重165磅（74.8千克）的得克萨斯人约翰・因泽，都是精瘦举重运动员的典型代表。

当然，这些运动员的长相通常比不了健美运动员，但这与力量训练没什么关系。当谈到健美运动员时，也要记住，他们在没有负重时的形象与在收缩肌肉爆发力量时的状态有很大的区别。

安全性

我把这部分内容归功于莫罗・迪・帕斯夸里（Mauro Di Pasquale），他具有医学博士和北美力量举冠军的双重身份，也是这个世界上最了解力量训练的人之一。

机器训练经常被过度宣传为初学者应该做的事情，因为自由重量更难控制。维尔霍山斯基教授和西夫博士表示：“与普遍的看法相反，初学者必须从行动基础开始学习，然后逐步推进到稳定性的训练，就像婴儿会首先通过移动身体、蹒跚爬行和探索环境学会站立那样。”

在你还没有力量伤害自己的时候，是学习使用自由重量的最佳时机。同样是“摇摇晃晃地探索”，手里握着50磅（22.7千克）和350磅（158.8千克）的重量哪个更安全？答案不言自明。

来自加利福尼亚州拉霍亚（La Jolla）的创新矫正和运动表现专家保罗・赫克（Paul Chek）给出了一个有趣的实验来说明这一点。做一组哑铃卧推，达到极限后不休息，继续用杠铃卧推，杠铃的重量是刚才用过的哑铃重量的两倍。再次卧推并达到极限。接下来，使用史密斯机继续训练。机器的轨道上放有一个真正的杠铃，其重量与之前使用的杠铃相同。在力竭之前，你仍然可以将这个杠铃举起两次！

使用哑铃时，你需要在3个方向控制重量。杠铃减少了一个控制方向，因为在放下重量之前，你不能沿杠铃杆移动双手。机器则将你限制在了一个运动平面内（一个方向）。使用机器训练时，你的稳定肌没有得到锻炼，因为机器在代替它们工作，你同样无须考虑自身的体重；当你回到必须自主控制自身体重的现实世界时，在没有得到锻炼的运动平面上，你很容易受伤。此外，你也无法使用你的大部分力量，因为你的神经系统在意识到稳定肌无法胜任这项工作时，会按下制动开关。使用训练机获得的力量就像无本之木！

如果你想在室外测试训练机“制造”的力量，除了急性损伤，你还会形成若干微创伤，为未来埋下隐患。保罗·赫克解释道：“训练对象越固定，就越容易产生模式过载。使用固定轨道训练，会以相同的模式重复训练相同的肌肉、肌腱、韧带和关节，这很容易导致微创伤，最终积累形成伤病。”

综合考虑这种风险和关节与机器轴线对齐的困难，训练机是“平凡”的代名词。你甘于做一个平凡的训练者吗？

为了在运动领域取得成功，苏联对体育科学的推动是不遗余力的。不过，这种努力没有体现在配备训练机器上。比如，一直以来，俄罗斯队的训练设施看起来都十分简陋，丑陋的杠铃，大得吓人的杠铃片，几乎代表了全部。因为队员们知道，自由重量是最自然、最通用、最安全、最有效、最高效的训练工具。你认为呢？

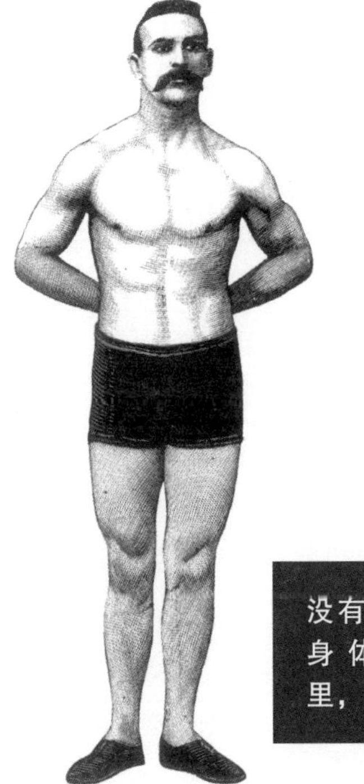

没有赘肉的身体在这里，伙计！

首先查看重量训练设施。如果机器比配重片还要多（无法精确调节重量），而你又不习惯这样的训练，那么在进入这样的健身房之前要三思。

——路易·西蒙斯，著名力量举教练